こころの不思議

シュタイナー 著

西川隆範 訳

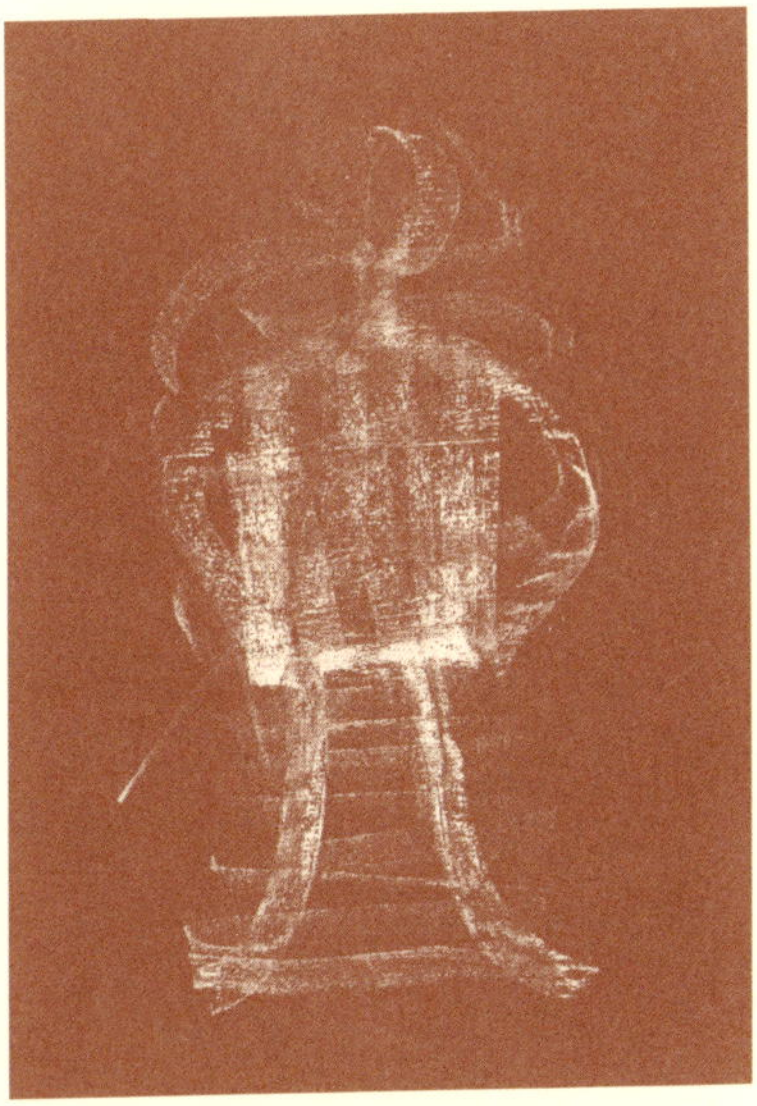

風濤社

目　次

編訳者はしがき

人の心ほどつかみがたいものはないし、自分の心も十分に見通しているとは言いがたいのではないでしょうか。人の心は予測しがたいものですし、自分の心もなかなか思いどおりにはなりません。

人生の不如意や人間関係のさまざまなストレスから、心を癒《いや》されたいと願っている人々が大勢います。さらには、鬱病《うつびょう》・引きこもり・自閉症・統合失調などに悩んでいる人々がたくさんいます。家族・親戚・近所・仲間・会社での付き合いで気持ちを消耗することがしばしばありますし、子どもたちも友人関係・親子関係にいろいろ悩んでいるようです。自分では気づかないで子どもを心理的に虐待していたり、あまり育児する気にならない親も少なくないはずです。

心魂を修練・錬成して、神に通じる超人的な霊力・精神力を得ようとする人たちもいます。逆に、憑霊《ひょうれい》によって心身不調と思っている人もいます。

また、心というものは脳の活動によって現出しているのであって、心というものが独自に存在するのではない、という科学の見解があります。

人智学《アントロポゾフィー》の創始者ルドルフ・シュタイナーは『心理学講義』（平河出版社）と『魂の隠れた深み』（河出書房新社）で、アリストテレスの『心魂論』からフロイト、ユングの深層心理学までを論じています。

シュタイナーの精神科学＝人智学では、人間を〈物質的身体・形成力体・感受体・個我〉の四部分に区分します。形成力体（Bildekräfteleib, formative force body）は物質的身体を形成・維持する生命実質で、生命的身体（Lebensleib, life body）とも呼ばれます。感受体（Empfindungsleib, sentient body）は思いの場であり、心魂体（Seelenleib, soul body）とも呼ばれます。この四つの部分の関係から、心身の問題を解明していくのが、シュタイナー学派の基本です。〈思考・感情・意志〉のバランスが崩れると、心に変調をきたします。〈物質的身体・形成力体・感受体・個我〉の均衡、心の三つの力である〈思考・感情・意志〉に釣り合いをもたらすことが、シュタイナー派の心理療法・芸術療法で試みられています。

そして、シュタイナーの宇宙観・世界観は心に調和をもたらし、心をとおして体にもよい作用をもたらす、と言われています。

*

「こころ」という日本語は、もともと人間の内臓を指しました。「こころ」にかかる枕詞は「群《むら》肝《きも》の」「肝向かふ」です。「群肝のこころ」「肝向かふこころ」と、万葉集に出てきます。

「心」という漢字は、心臓の形に由来します。トランプのハートも心臓をかたどったものです。心・ハートに対して、たま（霊・魂・魄）は玉に由来すると考えられています。身体をつかさどるのが魄《はく》、精神をつかさどるのが魂《こん》です。霊という漢字は、上部が天から下だる滴《しずく》、下部が巫女《みこ》です。

かつて、もっぱら心を探求したのが仏教でした。心の働きとして、感受・表象・意志・認識を挙げ、通常の意識のほかに、末那識《まなしき》（意識下の自己愛の根源）と阿頼耶識《あらやしき》（人間存在の根底をなす意識の流れ）があると考えました。阿頼耶識は過去の業《カルマ》から生じたものであり、すべてを生み出す種子を蔵しているとされます。末那識は阿頼耶識を自我だと考えて執着します。「菩提《ぼだい》とは如実に自心を知ることだ」と言いますし、「仏法は心中にあって近い」とも言われます。「即心是仏」とも言います。だれもが「自性清浄心」を有しており、煩悩《ぼんのう》という覆《おお》いを取って、その清く輝く心を発揮すればいいというのです。

神道では四魂を言います。和魂《にぎみたま》・荒魂《あらみたま》・幸魂《さきみたま》・奇魂《くしみたま》です。静止状態にある温和な神霊が和魂、勇猛に激しく活動する神霊が荒魂です。幸魂は人に幸福を与える神霊、奇魂は不思議な力を持つ神霊です。

近世の日本思想においては、人間が〈からだ・こころ・たましい〉の三つに分類されてきました。

＊

シュタイナーは、人間を〈身体・心魂・精神〉に分けます。理性的・知性的な精神（Geist, spirit）に対して、心魂（Seele, soul）は主観的です。心魂は、身体からも精神からも影響を受けます。身体をとおして、心魂は外界・感覚界を感受します。身体から影響を受けて物質を志向するか、精神から影響を受けた思惟《しい》を生かすかです。

シュタイナーは心魂を、感受的心魂（Empfindungsseele, sentient soul）、悟性的心魂（Verstandes-seele, intellectual soul）、意識的心魂（Bewusstseinsseele, consciousness soul）に分類しました。外界・感覚界を感受する心魂、外界から受け取った印象を内面で思考する悟性的な心魂、内面に向き合って自己を意識する心魂です。感受的心魂はイタリア・スペイン的、悟性的心魂はフランス的、意識的心魂はイギリス的、とシュタイナーは述べたことがあります。

この三つの心魂部分の中心に存在するのが個我であり、この三つを越えたところに精神的自己（霊我）があります。この三つの心魂部分のどこに自分が生きているかを認識することが、自分の現状把握のために大事です。

一般の心理学とシュタイナー精神科学との最大の相違点は、心魂の世界を想像上のものとするか、実在するものとするか、にあります。シュタイナーは、心魂の世界は単なる内面世界ではなく、心魂界という領域が異次元世界として実際に存在すると考えていました。心魂界にはさまざまな存在が生きており、そこでは人間の思いも実在化している、と彼は見ていました。

シュタイナーは心魂の世界を、七段階に分けています。下方から上方に向けて、「欲望の炎の領域」「流れる刺激の領域」「願望の領域」「快と不快の領域」「心魂の光の領域」「活動的な心魂の力の領域」「心魂の生命の領域」です。シュタイナーがいう心魂界は、仏教では欲界中の六欲天、神道霊学でいう幽界、キリスト教神学でいう煉獄に相当します。

心魂界の七領域を、人間の心の七段階ととらえることもできます。そうすると、日本の密教でいう心の十段階（十住心）に通じるものがあります。（ちなみに、心魂界の上に精神界があり、これは仏教でいう色界と無色界、神道でいう神界、キリスト教でいう神の国・天国に当たります。精神界の有形の下位領域が色界、無形の上位領域が無色界です。）

心魂世界が実在するという考えに立つと、さまざまな心の問題が近代の心理学とは異なった観点から眺められることになります。心の好調・不調の背後に、心魂世界の存在の働きかけが想定されることになります。心魂界には善悪入り乱れて、多様なものたちがうごめいている、という考え方になります。

まず、私たち人間の想念が心魂界に力を発しています。善良な思念もあれば、邪まな欲念、恨みのこもった情念もあるでしょう。心魂界の特徴として、自分の発する思いが、逆向きの姿で見えるということがあります。たとえば、自分が発する闘争心が、自分に襲いかかってくる獣のように見えます。この場合、自分の闘争心をなくせば獣は消え去るのですが、自分に向かってくるように見える獣を外在のものと思うと、いつまでも解決しません。

他人から到来する恨《うら》み・妬《ねた》みもあります。その念を受けると衰弱しますし、その念を発している当人はもっと荒《すさ》んだ心理状態になっていきます。だれかの憎しみを受けて苦しんでいると訴える人の場合、実際にそうなのか、思い込みの幻想なのか、入念に見極めなくてはなりません。自分の内的な問題を、想像上の霊界に投影しているケースも多々あるはずです。また、どのような問題も霊的なものだと説明して、収集をつかなくさせている宗教家・霊能者もいるでしょう。

死者の遺恨も、心魂界に渦巻いています。日本では、死者の執念を浄化することが最大のテーマでした。先祖の成仏のための供養もそうですし、戦《いくさ》の敗者をねんごろに弔《とむら》うのは、怨念を残させないためです。現実社会が安泰かどうかは、心魂界が静まっているかどうかによる、と考えるわけです。現代は心魂の存在を否定しがちなために、霊魂の扱いがずいぶんなおざりにされています。自らの存在に気づいてもらえない想念存在が、慰められずに荒《あ》らぶることがある、と言われています。

生者の思い、死者の思いのほか、さまざまな精霊たちも人間の生活に影響を及ぼします。これらの存在は、人間が善良な思いを向けていると恵みをもたらすのですが、そうでないと害を与えることもあります。

シュタイナーは、天界には神的存在のほかに、悪魔的存在もいると考えていました。人間を耽美的幻想に誘う存在と、物質的な征服欲に邁進《まいしん》させる存在です。前者は人間を高慢《こうまん》にし、後者は人間を攻撃的にします。

私たちは多かれ少なかれ、この双方の悪魔的な力を受けている、とシュタイナーは述べています。そして、この双方の力に向かい合うことで人間は進歩していく、と彼は考えています。大事なのは、悪魔的な力に向かい合うことのできる、確固とした個我を持っていることです。そうでないと、悪魔的な力に取り憑かれることになります。

シュタイナーの精神科学・人智学は、自分の形成力体・感受体をコントロールできる個我、思考・感情・意志に調和をもたらせる個我、心魂界の諸存在・諸力に対峙できる個我の確立を説くものです。

＊

本書に最初に訳出した「心の起源」は、アリストテレスの心魂論に言及しつつ、神智学が新たに心魂認識をもたらす、と述べています。

つぎに収めた「苦痛と喜び」「泣く・笑う」「忘れる」は、日常的な心の動きを、形成力体・感受体・個我との関係で、精神科学的に解明したものです。

「心の世界の特徴」では、地上の人間と心魂界との関連が述べられたあと、物質界とは異なる心魂界の法則が語られています。

「心の世界の段階」は、心魂界の七段階の領域について概説しています。

「心のいとなみの隠れた深み」は意識下のいとなみについて、夢や幼時体験など多角的に述べた講義で、瞑想にも触れています。

「心と精神」は、心魂の不死というテーマから出発して、催眠術、そして高次認識について語っています。

最後の「心の開発」は、シュタイナー流の心魂育成法の七段階を概観した講義です。

これらの講義には、心の問題を解明するヒントが含まれているはずです。そして、心の発展にとって有意義な内容が語られているはずです。

こころの不思議

Rudolf Steiner
Vorträge über die Psyche
Neun Vorträge zwischen 1903 und 1911 in Berlin

心の起源

宗教と科学

今日、心魂の本質について語る者は、二つの側から、誤解と攻撃にさらされます。何よりも、知識と認識の立場から語る神智学者は、おおやけの科学から攻撃を受けます。また、さまざまな宗教の信者たちからも攻撃されます。

今日、科学は心・心魂について、ほとんど知ろうとしていません。「心理学」という名の学問さえ、心魂について知ろうとしていません。心理学者さえ、本来「心」と名付けられるものを度外視したい、と思っているのです。「心ぬきの心理学」と言うことができるでしょう。

心は疑わしいもの、不定のものなので、心理学者はあたかも自然の経過を調べるように、さまざまな表象の現象だけを調べます。心魂そのものについては知ろうとしません。今日の自然科学は、心魂を受け入れることができないのです。今日の自然科学では、「人間の表象は、自然界の事物と同じく、自然法則の下にある」と、言われます。人間は高等の自然産物にほかならない、というのです。私たちは「心魂とは何か」と問うてはならないというのです。

ゲーテ(注1)は、つぎのように書いています。

永遠の、尊い
偉大な法則に従って
私たちはみな
自分の存在の
円環を完了する。(注2)

石が転がるように、人間は永遠の法則に従って、発展するにちがいありません。この反対側に、伝統と啓示に支えられる宗教の信条があります。

神智学は、宗教にも科学にも敵対しません。探究者が認識をとおして真理に到ることを、神智学は欲します。神智学は、宗教の基本的真理に対して戦うものではありません。

この根本真理は、宗教的信条を代表する人々にほとんど理解されていません。根源的な永遠の真理が、あらゆる宗教の根底に存在します。そこから、今日の信仰箇条が発生したのです。

しかし真理は、のちの付属物によって覆い隠されました。深い真理は失われました。宗教の信条の背後に、真理の核心は存在しています。科学はまだ、物質から精神に上昇するほど進歩していません。科学は、自然現象に取り組むのと同じ熱心さで、精神を研究するには、まだ到っていません。科学の真理は未来に横たわっています。高次の真理は、すでに宗教から失われ、まだ科学によって見出されていません。

宗教と科学のあいだに、今日、神智学が位置しています。神智学は過去を振り返って、失われた真理を理解し、未来を探求して、まだ見出されていないものを研究します。そのために、神智学は宗教と科学の両側から攻撃されます。

今日の習慣と外的な風習は、昔とは異なっています。しかし、今日おおいに称賛されている寛容さにも関わらず、不愉快な意見を語る者は、繰り返し脅《おど》されます。自然科学者が外的な事実について語るように、心魂について語る者は、今日では火炙《ひあぶ》りにはされません。しかし、そのような者はさまざまな手段で圧力を加えられます。

（注1）ゲーテ　Johann Wolfgang von Goethe（一七四九―一八三二年）ドイツの作家。その自然研究の姿勢が、シュタイナーに大きな影響を与えた。『シュタイナー用語辞典』（風濤社）参照。

（注2）永遠の、尊い……　ゲーテの詩、「神的なもの」の一節

心魂は心魂から発生する

未来を展望すると、過去の出来事に比べて慰めが見出せます。一七世紀に、イタリアの学者レーディ(注1)が、「下等生物は、生命なきものから発生したのではない」と、主張しました。そのために彼は、ジョルダーノ・ブルーノ(注2)と同じ運命を免れるのに大変苦労しました。

当時は、「下等生物は、無機物から発生する」という見解が一般的だったのです。今日では、レーディの見解が一般に通用しています。「生命なきものから生物は発生しない」ということを否定する者は、時代遅れと見なされます。今日では、「生物は生物からのみ発生する」というフィルヒョー(注3)の言葉が、一般に通用しています。

「心魂は心魂からのみ発生する」という見解は、今日でも信じられていません。しかし、「生物は生物からのみ発生する」という見解へと認識が進歩したように、いつか科学は「心魂なきものから心魂が発生することはない」という見解を受け入れるでしょう。

今日、レーディの同時代人の意見が見下されるように、いずれ今日の偏狭な科学が見下されるようになるでしょう。今日わたしたちは心魂に関して、一七世紀の生物観と同じ状況にあります。今日の見解によると、精神は単なる生命から発生します。動物存在から心魂が難なく現われ出るというのです。将来、この見解は、憐憫の笑いをもって見下されるでしょう。今日、生物が生命なきものから発生するという見解があざ笑われるのと同じです。

心魂は、単なる生命という基盤からは発生しません。心魂は精神から発生するのです。生命の出現にあたって、動物の形態が把捉されました。同様に、かつて心魂は動物の形態を把捉して、伝播していったのです。

私たちは、外界の事物を知ろうとしています。そして、自分に最も関わりの深いものを忘れています。心魂は、私たちに非常に親しいものです。私たちは心魂そのものです。私たちは自分のなかを見ると、心魂を見出します。しかし、この心魂を把握するのが、人間には非常に困難です。

私たちはもっぱら、外にあるものを観察します。しかし、私たちが外に見るものは、私たち自身よりも自分に親密なものでしょうか。今日の人間は、外的なことがらには精通していますが、自分自身については疎遠です。人間が外的な探究を容易に把握し、最も自分に親しいものを見落とすのは、どうしてなのでしょうか。心魂は人間にとって非常に親しく、近しいものです。

どの自然現象も、まず感覚器官を通して受け取らねばなりません。感覚は、しばしばイメージを変化・改竄《かいざん》します。色弱の人は、実際とは別様に色を見ます。そのように例外的な現象を度外視しても、すべての目は異なっている、ということを私たちは知っています。二人の人間が、ある色をまったく同じニュアンスで見ることはありません。見る人の目によって、聞く人の耳によって、印象は異なります。

しかし、心魂は私たち自身です。私たちはいつでも心魂を探究できます。「私たちの外にあるものより、私たちの心魂はどれほど自分に近いことか。偉大な詩人トルストイ（注4）が私たちに感銘を与えるのは、このためだ」と認識できます。トルストイの情熱は、この認識に基づいています。この見解から、彼は気まぐれな流行の文化に対して戦いました。

（注1）レーディ　Francesco Redi（一六二六―一六九七年）イタリアの医師。詩「トスカーナの海神」の作者でもある。

（注2）ブルーノ　Giordano Bruno（一五四八―一六〇〇年）ルネサンス期のイタリアの哲学者。コペルニクスの影響を受け、無限の宇宙に無数の太陽系が存在し、生成消滅していると主張。異端者として処刑された。

（注3）フィルヒョー　Rudolf Virchow（一八二一―一九〇二年）ドイツの病理学者。細胞はすべて細胞から発生すると証明した。ここに引用されているのは、『細胞病理学』（一八七一年）の一節。自由主義的な政治家としても活躍した。

（注4）トルストイ　Lev Tolstoi（一八二八―一九一〇年）ロシアの小説家。彼の思想には未来の文化の萌芽がある、とシュタイナーは見ていた。『シュタイナー用語辞典』参照。

心の研究

私たちが自分の心魂を見ないのは、心魂の本来の姿を考察しないことに慣れてしまったからです。私たちの思考習慣は今日、心魂に対して鈍くなりました。それに対して、物質への信仰は強くなっています。宗教の信条に拠《よ》らない者さえ、心魂研究に不精になっています。

彼らは自分を正当化するために、好んでゲーテを引用します。人間は、できるだけ思考・研究するべきではないというのです。「感情がすべて。名称は響き、煙だ」[注1]。このゲーテの言葉を引き合いに出して、心理学者と同様に、認識への努力を放棄しています。

だれもが、すべてを感情のなかに見出すべきだというのです。心魂に対しては叙情詩的な考察方法が最も適している、と人々は信じています。人間は心魂に親密だから、すべてを感情から理解できる、と思われています。

ゲーテがファウストに語らせた言葉は、本当にゲーテ自身の見解なのでしょうか。劇作家は、さまざまな状況に応じて登場人物に語らせます。ファウストが若いグレートヒェンに向かって語るこの言葉が、ゲーテの信条なのでしょうか。それなら、なぜゲーテは、ファウストが世界のあらゆる叡智《えいち》を研究したことにしたのでしょうか。「ああ、哲学」[注2]云々と、ファウストは語ります。ファウストが自分の研究・懐疑を否定するなら、奇妙なことになるでしょう。

私たちが心魂探究に関して不明瞭な感情で妥協するなら、外で見たものをはっきりした輪郭で模写せずに、ただ感情を表現する画家に等しいのではないでしょうか。心魂は、不定の感情からは説明されません。

神智学は本物の科学的叡智を告げようとします。そして、その際、できるかぎり感情だけに頼らないようにします。科学が電気を説明するとき、もっぱら感情に頼らないのと同じです。神智学は、感情三昧の方法で心魂の認識を促進しようとはしません。神智学は誠実な認識の努力に向かいます。

神智学協会(注3)は一八七五年に設立されて以来、本当の心理学・心魂科学を育成してきました。神智学は人間に、心魂を見ることを教えようとします。

だれもが今日では、真剣に心魂と精神を認識しようと努めずに、心魂と精神について語ろうとします。途上にある困難を避け、好事家のような生半可な態度が広まっています。心魂的な叡智を渇望する人々を、神智学は助けようとします。神智学は、科学的に自然を研究するように、まじめに心理学に取り組もうとします。今日、自然科学を研究しなかった人が自然科学について語るのは禁じられています。しかし、心魂を研究しなかった者が、心魂について語っています。

もちろん、両者の研究方法はまったく異なります。自然科学者は物質的な器具を用いて研究します。そうして、自然の秘密に深く突き進みます。心魂研究においては、梃子《てこ》や螺子《ねじ》で秘密を解明することはできません。

観察の対象となる領域が広がると、自然科学はもっと進歩できます。この観察には、通常の健全な人間の悟性のみが必要です。研究者が実験室で用いる悟性は、商業や工業において要求されるものと、本質的に変わりません。いくらか複雑なだけで、手順は変わりません。

(注1)「感情がすべて。名称は響き、煙だ」　ゲーテ作『ファウスト』第一部の「マルテの庭」の場で、ファウストがグレートヒェン＝マルガレーテに語る台詞。

(注2)「ああ、哲学」　『ファウスト』第一部の「夜」の場でのファウストの独白。「ああ、哲学・法学・医学、そして残念なことに神学も、私は熱心に努力して研究しつくした」。

(注3)神智学協会　ロシアの神秘思想家ヘレナ・ペトロウナ・ブラヴァツキーがニューヨークに設立した秘教哲学研究団体。シュタイナーは一九〇二年から一九一二年まで神智学協会に所属したあと、一九一三年にアントロポゾフィー(人智学)協会、一九二三年に普遍アントロポゾフィー協会を設立した。

植物的心魂

精神的な真理は、健全な人間の悟性だけを扱うのではありません。人間の心魂の深みに安らう別の力も探究します。そのために、認識能力の発展が要求されます。

この発展の可能性は、いつも存在しました。その可能性から、あらゆる宗教が発しました。仏陀、孔子、さまざまな宗教の創始者が教えたことは、すべて深い精神的真理から発しました。古代にも、心魂は存在していました。認識能力の発展をとおして、心魂を探究できました。知識を広めることよりも、心魂のなかに安らうものを見るために、内的な認識を発展させることが必要でした。外的な科学の領域では、だれもが自分の生きる時代に左右されます。古代の偉大な学者アリストテレス(注1)は紀元前四世紀に、現代の器具を使って自然科学的観察を行なうことはできませんでした。しかし、心魂の研究は行なえました。

今日の人間は、自分の心魂を研究したくありません。そのために、現代の心魂認識は、アリストテレスよりも後退しています。心魂の研究を発展させるために、神智学協会は存在しています。新奇なことは行ないません。いつの時代にも、研究は行なわれてきました。身体に示されるものは、研究が容易です。心魂と精神を認識するのは困難です。いつも容易に理解できたり、だれにでも分かるものではありません。しかし、すでに古代に人間は、心魂の多様な構造・構成を観察しました。

心魂とは何でしょう。「心魂は身体に宿り、やがて身体から去っていく」と思っているあいだは、私たちは心魂を認識できません。心魂は私たちのなかで活動し、生きます。心魂は身体の活動すべてに浸透しています。動き・呼吸・消化のなかに心魂は生きています。しかし心魂は、私たちの行為すべてのなかに均一に存在するのではありません。

植物が種子から発生するように、私たちは小さな細胞から発生しました。そして、植物が有機的な力、胚種から構築されるように、人間も有機的な力、生殖細胞から発展します。植物が葉と花を形成するように、人間は身体の器官を形成します。人間の成長は植物の生長に等しいものです。ですから、古代の研究家は、植物に心魂を認めました。彼らは「植物心魂」について語りました。そして、人間の器官構築の活動が、植物存在すべてと共通であることを見出しました。人間のなかで器官を構築するのは、植物心魂に相当するものなのです。彼らはそれを「植物的心魂」と名付け、それを通して人間は自然・有機物すべてに類縁だ、と見ました。

人間を形成する第一のものは植物的なものです。そのために、人々は植物心魂を、心魂の第一段階と考察しました。植物心魂が人間の有機体を創造しました。植物心魂が私たちの身体、手足・目・耳・筋肉、全身を構築しました。私たちの身体の成長・構築に関して、私たちは有機的存在、植物に等しいのです。

（注1）アリストテレス　Aristoteles（紀元前三八四―三二二年）古代ギリシアの哲学者。プラトンが超越的なものとしたイデアを、質料に内在する形相ととらえた。『シュタイナー用語辞典』参照。

動物的心魂と悟性的心魂

しかし、もし私たちが植物心魂しか持っていなかったら、単なる有機的生命を越えた存在には到らなかったでしょう。私たちには、知覚・感受の能力があります。手足の一部に針が刺さると、私たちは苦痛を感じます。植物の場合、たとえば葉に穴を開けても、影響を受けません。

これは心魂の第二の段階、「動物的心魂」を示唆します。動物的心魂が私たちに、感受・欲望・運動の能力を与えます。この能力を私たちは動物界全体と分かち合っています。ですから、「動物心魂」と呼ばれます。こうして人間は、植物と同じく成長するだけでなく、全世界を映す鏡になる可能性を得ます。

人間は植物的心魂によって、有機体を形成する素材を受け取ります。動物的心魂によって、下位の心魂のいとなみを受け取ります。感受のいとなみは、快楽と苦痛から成り立っています。周囲の世界のなかに素材がなかったら、私たちの植物的心魂は器官を形成できません。同様に、動物的心魂は、私たちの周囲の欲望・衝動の世界から、感受・欲望を汲み出します。

胚芽の衝動力なしには、種から植物は発展できません。同様に、器官を印象で満たさず、生命を快楽と苦痛で満たすことができないと、動物は発生できません。私たちの植物的心魂は、物質素材の世界から有機的身体を構築します。欲望の世界、欲界（注1）から、動物的心魂は欲望素材を自分のなかに受け入れます。もしも、欲望を自分のなかに受け入れる能力が身体になかったら、快楽と苦痛は植物心魂には永遠に縁遠いものにとどまったでしょう。無からは何も生じません。

人間は欲望的な心魂を、動物と共有しています。自然科学者が、「動物にも低次の心魂的特徴がある」と言うのは、正しいことです。しかし、さまざまな度合いがあります。蜂の社会、蟻の社会は見事に整えられています。ビーバーの住処の規則的な秩序は、複雑な数学の計算に匹敵します。

別の方法でも、動物において心魂が、人間における「理性」に似たものへと高まります。調教によって、特に家畜に技能を習得させることができます。人間は意識的に技能訓練をします。両者には相違があります。下等動物の感受・感情は鈍いものです。しかし、最も進化した動物段階には、人間のような「悟性」の発端があります。

この人間の心魂のいとなみの第三段階が、「悟性的心魂」を形成します。単に動物的心魂を持っているだけだったら、私たちは動物にとどまっていたことでしょう。植物的心魂だけなら、私たちが植物を越え出ることがなかったのと同じです。ですから、「人間は本当に高等動物と区別されないのか。両者のあいだに違いはないのか」という問いは非常に重要です。

（注1）欲界　神智学では、世界を物質界・欲界・神界の三つに分ける。まだ欲望から解放

されていない心魂が通過していく領域が欲界である。シュタイナー人智学では、心魂界と呼ばれる。『シュタイナー用語辞典』（風濤社）参照。

人間の心魂

この問いに取り組み、とことん吟味する人は、人間の精神があらゆる動物を越え出ていることを見出すでしょう。ピュタゴラス主義者(注1)は、「人間には高次の心魂が存在する」と証明しようとするとき、「人間だけが計算能力を持っている」と強調します。ある種の動物に類似の能力が見出されても、動物と人間のあいだには大きな差異があります。人間において計算能力は心魂器官の本源的な能力であるのに対し、動物の場合は調教によるものです。人間は計算ができることによって、動物と区別されます。

動物が到達するものを人間が越えていけることによっても、人間と動物は区別されます。人間は本能的な要求を越え出ます。動物は一時的な、無常な本能的・直接的要求を越え出ません。動物は真理へと自らを高めることがありません。直接的・感覚的なものを越えていくことはありません。

「2×2＝4」は、あらゆる状況下に通用します。感覚の無常な真理は、状況が変われば通用しなくなります。火星に生物がいるとしたら、その生物は地上とは別様に音を聞き、色を別様に知覚するでしょう。しかし、思考する存在は、「2×2＝4」はどの惑星上でも正しいものと承認するにちがいありません。

人間が自分の心魂から得るものは、あらゆる時代に通用します。何百万年前にも通用したし、何百万年後にも通用するでしょう。それは不滅のものに由来するからです。

このように、人間における無常なもの、動物的なもののなかに、不滅のものが安らいでいます。この不滅のものをとおして、私たちは永遠界の市民なのです。動物的心魂が「欲」という素材から構築されているのに対し、高次の精神的心魂は精神から構築されています。

無からは何も発生しません。アリストテレスは知の達人ですが、秘儀参入者ではありません。彼が精神について、奇跡について語ったことがあります。彼は厳密に法則的に、自然から身体が構築されたと見ます。しかし彼は、創造主の奇跡によって心魂は毎回新たに発生する、と考えました。アリストテレスにとっては、無から創造されたものが心魂なのです。のちに、おおやけのキリスト教においても、心魂は無から創造されたものとされました。

しかし私たちは、心魂の創造という奇跡を受け入れようとは思いません。「器官の心魂」の起源は植物のなかにあります。動物的心魂の起源は、衝動のいとなみの世界から明らかになりました。同様に、精神的心魂は宇宙精神から発生します。無からは何も発生しません。こうして、私たちは宇宙の精神・心魂へと導かれます。ジョルダーノ・ブルーノは『宇宙の有機的な力・宇宙の心魂的な力について』のなかで、このことを述べています。

なぜ私たちは、それぞれ特別の心魂を持っているのでしょうか。なぜ、各々の心魂は、独特の特性を有しているのでしょうか。動物それぞれの特徴を、科学は種《しゅ》から種への自然な進化として説明します。しかし、各々の種の動物は、ほかの動物の属から発生したことを示唆する特徴を有しています。

（注1）ピュタゴラス　Pythagoras（紀元前五六〇—四八〇年頃）ギリシアの哲学者。宇宙の根源は数であるとした。ピタゴラス。『シュタイナー用語辞典』参照。

人類の教育

精神的心魂は、個人・精神からのみ発展できます。ライオンが宇宙の力から直接発生したとは、だれも思わないでしょう。同様に、個々の心魂が宇宙の一般的な精神的内容、宇宙の精神的蓄積から発展した、と思うのは不条理でしょう。神智学は自然科学の見解に一致する土台の上に立ちます。

自然科学は、種《しゅ》から種が発展すると考えます。同様に、神智学は心魂から心魂が発展すると考えます。心魂も進化していく、と考えます。個々の動物が動物の一般的原則から形成されたように、「全体心魂」から個々の心魂が発展します。心魂の原則に従って、心魂から心魂が発生します。各々の心魂が、心魂の成果であり、また心魂の原因です。永遠の起源から、心魂が生じます。その心魂自身が永遠のものです。

その際、神智学は、いわゆる第三人類(注1)に言及します。第三人類の出現にあたって、高次の心魂が人体のなかに入り込みました。この人類はレムリア人と呼ばれます。それ以前は、心魂は動物のなかに宿っていました。動物界も、心魂的なものから発生するからです。心魂は動物を捕らえて、その機能を満たしました。そこから出発して、心魂から心魂へと作用します。

教育とは、「人間のなかに安らう個的なものを発展させること」です。だれのなかにも安らいでいる高次の心魂を目覚めさせることが、第一の教育原則です。動物においては、個々の動物が属の概念と一致します。一匹の虎は、ほかの虎と本質的に同じです。

人間は他の人と同じ特徴によっては表わされません。各々の人間の心魂は、他人と異なっています。心魂を目覚めさせるために、「教育技芸」は個々人によって異ならねばなりません。心魂の力を目覚めさせることが、あらゆる教育の出発点です。ですから、第三人類が精神的ないとなみへと高まったとき、すでに高次の本性が存在していたにちがいありません。粗暴や無知から心魂が発達するのではありません。何百万年もまえ、人間は単なる衝動的な状態から高まっていきました。その上昇は、おのずと起こったのではありません。人々のかたわらに偉大な教師が立っていたのです。

周囲の人々に抜きん出た偉大な教師が、いつもいたにちがいありません。その教師は人々を、高次の観点へと高めました。今日も、現代の知識を抜きん出る教師たちがいます。彼らは心魂の萌芽を繁殖させます。いつの時代にも、人々は人類の指導者のことを知っていました。非常に卓越した哲学者シェリング[注2]は、神智学者ではありませんでしたが、よく誤解される著書のなかで、偉大な教師について語っています。

偉大な教師たちは、精神について教示することができます。その教示には、深い叡智が込められています。彼らの叡智はエーテル的であり、心魂的な認識です。彼らが人類を励まし、導きました。神智学協会は人々を、ふたたび偉大な心魂研究者たちに導こうとします。神智学協会の中心に、心魂の本質について教示を与えることのできる者たちが存在します。

彼らは世間に現われません。彼らは、「私たちの真理を受け入れなさい」と言うことはできません。人々は、彼らの言語を理解しないからです。偉大な叡智の大部分は隠されています。叡智の源泉に人々を導くことが、神智学協会の課題です。

今日、人々は自らの心魂の存在を否定するまでに到っています。この時代に、自らへの信頼をふたたび与えること、私たちの内なる永遠不滅のもの、神的な存在の核への信頼を新たに活気づけることが、私たちの運動の課題です。

（注1）第三人類　シュタイナーは現在の人間に、1. ポラール人類、2. ヒュペルボレア

ス人類、3．レムリア人類、4．アトランティス人類が先行してきた、と考えている。アトランティス人類ののち、人間はインド、ペルシア、エジプト、ギリシアの文化を通過して現代に到っている。『シュタイナー用語辞典』参照。

（注2）シェリング　Friedrich Wilhelm Joseph von Schelling（一七七五―一八五四年）ドイツの哲学者。自然と精神の同一性を主張した。『シュタイナー用語辞典』参照。

苦痛と喜び

体の痛み

簡単な形態の痛みから出発しましょう。指を切るか、手を挫傷して痛みを感じるのが、最も単純な痛みでしょう。ここから、考察を始めましょう。

現代の心理学者に、この簡単な痛みを説明してもらうと、おもしろいでしょう。嗅覚・視覚・聴覚のほかに「苦痛感覚」がある、と彼らは発見したのです。人間はこの感覚で痛みを知覚するというのです。目が光を知覚し、耳が音を知覚するのと同じです。「苦痛感覚があるから、人間は痛みを感じるのだ」と、彼らは言います。

私たちの経験からは、苦痛感覚の存在が認められる根拠が見出せません。それにも関わらず、純粋に観察に基づく科学は、苦痛感覚を認めつづけています。科学は苦痛感覚というものをでっちあげたのです。しかし、このことには立ち入らないで、「どのように、この簡単な形の痛みは発生するのか。指を切ると、どのようにして痛みを感じるのか」と問うことにしましょう。

指は物質的身体の一部です。指のなかには、物質界の素材があります。指は身体のエーテル的部分（注1）・アストラル的部分（注2）に貫かれています。エーテル的部分・アストラル的部分には、どのような課題があるのでしょう。

炭素・水素・酸素・窒素などからなる指の細胞の背後には、それを構築するエーテル体（注3）があります。エーテル体が細胞を集めて指にしており、細胞をいまの結合状態に保っています。エーテル体が指に浸透しています。エーテル体は、指が腐敗しないようにしています。エーテル体は物質的な指と同じ場所にあります。

アストラル指もあります。指が押されるのを感じたり、何かを知覚するとき、その知覚を仲介するのは指のアストラル体（注4）です。感受はアストラル体のなかにあるからです。

物質的な指、エーテル的な指、アストラル的な指は、単に機械的に関連しているのではありません。これらのあいだには生命的な関連があります。エーテル的な指は、物質的な指を熱し、力づけます。エーテル体は、内面の形成にも絶えず働きかけます。エーテル的な指は、物質的な指にどう関わっているのでしょう。エーテル体は、物質的な指の細部にいたるまで、正しい位置、正しい関係にもたらします。

さて、皮膚に擦り傷をし、負傷したとしましょう。エーテル体が指を正しく整えるのを、この傷が妨げます。エーテル体は指に浸透して、全体をまとめていなくてはなりません。傷によって指の各部が分断されると、エーテル指は行なうべきことを行なえなくなります。たとえば、庭仕事をするために何らかの道具を用意する必要があるときに、だれかがその道具を壊したようなものです。そうなると、自分のしたい仕事ができません。着手したいことを中止するしかありません。欠落ゆえに、介入が不可能になります。この把握不可能を、指のアストラル部分は痛みと感じるのです。

手を損傷すると、物質的な手のみが損傷されたのであって、エーテル手は損傷されません。しかし、エーテル手は働けなくなります。この欠落を、アストラル手は痛みと感じます。私たちはエーテル体とアストラル体との関係をとおして、最も単純な痛みを知りました。実際に、このようにして痛みは起こります。アストラル体がもはや活動を遂行しないことに慣れるまで、痛みは続きます。

(注1)(注3) エーテル的部分・エーテル体　物質的身体に浸透して、物質的身体を形成・維持する実質。形成力体・生命的身体とも言う。『シュタイナー用語辞典』参照。

(注2)(注4) アストラル的部分・アストラル体　思いの場である心のこと。感受体・心魂体とも言う。『シュタイナー用語辞典』参照。

心の苦痛と至福

さて、死後の欲界における苦痛を、これと比較しましょう。突然、全身が人間からもぎ取られます。身体は、もはやありません。エーテル的な力は、もう介入できません。もはや全体は組織されえない、とアストラル体は感じます。アストラル体は、物質的身体を使ってのみ遂行できる活動を熱望します。身体の欠如を、アストラル体は苦痛と感じます。

どの苦痛も、原因は活動の抑圧なのです。宇宙において活動が抑圧されると、苦痛が生じます。そして、宇宙における活動はしばしば抑圧されるので、苦痛は宇宙に必然的なものです。

しかし、ほかのことも生じます。たとえば、手が欠乏状態などのために、いきいきとした活動を停止していきます。そうして、機能が抑えられます。たとえば、苦行を始めた場合です。以前は活気があり、活動的であった身体器官が静止状態にもたらされます。そうすると、たとえば手において、エーテル手からアストラル部分が離れます。エーテル手には力が余り、活動を続けられるのに、課題を失います。負傷していないのに、課題を失います。余った力を、人間はアストラル体のなかに感じはじめます。

「私には力が余っている。以前は、物質的身体を調整するために、力を使い果たしていた。いま、私は物質的身体を抑制した」と、思うことができます。

物質的身体はもはや、そんなに多くの力を用いません。そのようにして余った力を、アストラル体は至福と感じます。活動が抑えられると、苦痛を感じます。集められた力は、至福の感情を与えます。これまで以上のことを行なえる可能性を、アストラル体は至福と感じます。外的な身体が力を使用しないので、はちきれんばかりの力の意識が、内部から上昇していきます。それが至福なのです。

修道院で物質的身体の活動を抑えることには、どのような意味があるのでしょうか。「物質的身体の機能を用いないことによって、安らわせ、エーテル体に力を蓄える」という意味があるのです。

ある人が赤貧状態で暮らしていました。そうして、物質的身体の新陳代謝が、あまりエーテル体を用いずに、静かに進行するようにしました。別の人はできるだけたくさん食べようとし、多くのものが消化されます。すべてを静かに進行させている人の場合、物質的機能の活動は、エーテル体の力をあまり消耗しません。別の人の場合は、エーテル体の力すべてを、口や胃のために用いねばなりません。物質的身体が機能を保つために、エーテル体の力をすべて使い果たさねばなりません。

その結果、身体を安らかで無欲な状態にしている人は、余剰の力をエーテル体のなかに有し、それをアストラル体は認識力として用います。単に至福と感じるのではありません。アストラル界(注1)のイマジネーション像が、そのような人に現われます。

たとえばサヴォナローラ(注2)は、特に物質的身体を用いませんでした。彼は虚弱で、絶えず病気でした。物質的身体のなかで用いられないものが、たくさんエーテル体のなかに存在しました。彼はその力を、壮大な思考と衝動を見出すために用いました。彼は力強い演説を行ない、聴衆を感動させました。彼はヴィジョンを見て、将来起こることを聴衆に語ることができました。

(注1)アストラル界　世界を物質界・心魂界・精神界に分類するときの心魂界のこと。『シュタイナー用語辞典』参照。

(注2)サヴォナローラ　Girolamo Savonarola(一四五二―一四九八年)イタリアのドミニコ会修道士。サン・マルコ修道院長。フィレンツェ市政の民主的改革を行なったが、法王庁を批判したため破門されて、火刑に処せられた。

禁欲と浄福

同じことが、精神世界についても言えます。欲界において活動が妨害されると、不自由を感じます。神界(注1)に到ると、妨げとなる行為はすべて抜け落ちます。そこには、物質と関連するものが何もなく、物質を強欲に追慕することがありません。欲界には、常に欠乏があります。神界では、人間に霊的な実質が手渡され、その実質が来世の形姿を構築していきます。それは純粋で、妨げのない活動であり、人間は至福を感じます。

人間は人生のなかで、自分のまわりに生じることすべてをとおして、絶えず学んでいます。しかし、いまの身体は前世の力にしたがって構築したものです。いまの人生で学んでいることは、いまの身体のなかにはまだ存在しません。人間は人生のなかで変化します。感情が変化します。理想が成長します。活動の妨げとなる衝動が多数、人間のなかに入り込みます。しかし、身体を改造することはできません。前世の経験によって構築された身体のままにしておくしかありません。

神界で、人間はこの妨害から解放されます。その結果、妨げのない活動衝動が至福のなかに生じます。神界で来世のために、アストラル体・エーテル体・物質的身体を創造します。地上で使われずに残ったものが、神界で使われます。

人間は神界に、いまの意識だけではなく、一回の人生を越えていくものも携えていきます。神界では、人間はより高められた存在になります。地上の自分の個体に加えて獲得するもの、生きているあいだは表現できないものを、神界で体験します。このように、苦痛と欠乏は最も日常的な段階から至福にまで到ります。私たちはどこにおいても、すべての世界を貫くものの痕跡を追っていくことができます。

私たちは今日でも、禁欲的な方法によって進歩できます。「苦痛が物質的身体の外的な損傷と関連している。同様に、浄福は外的な活動の削減と、内的活動の高まりに関連している」と、言うことができます。これは、古来の禁欲の理性的な側面です。なぜ断念が高次世界への上昇につながるのか、理解できます。指の傷のような単純な現象をとおして、欠乏・諦念から至福への道を、精神科学は説明します。また、身体の苦痛を耐えることが、認識の道につながることを明らかにします。日常の小さなことがらを精神科学の認識によって解明すると、私たちは次第に精神の高みに到り、大きなことがらも把握できるようになります。

身体の苦痛を耐えるのが一種の修行、認識の道であることが分かります。一度も頭痛がしたことのない人間を考えてみましょう。「私は脳があるということを、ぜんぜん知らない。脳を感じたことがないからだ」と、その人は言うかもしれません。外的な影響によってではなく、キリスト教の修行段階の一つ「茨《いばら》の戴冠」(注2)によって頭痛が生じる、という場合を考えてみましょう。この修行では、「私にとって最も大事なもの、私の使命を、私に向かってくる苦痛と障害が葬り去ろうとするとき、私は一人でもまっすぐに立っているつもりだ」という感情を体験するのです。

何カ月・何年もこの感情を修行すると、最後には、茨が頭に突き刺さるような頭痛を感じるに到ります。脳を形成した、隠れた力を認識するに到るのです。脳のエーテル的な力が、行なうべきことを正確に行なうと、その力を意識できません。この感情の影響で、物質的な脳が傷ついた瞬間、エーテル体は解放されて脳から退き、脳から出ていきます。このようにして、エーテル頭が自立した結果が認識なのです。この苦痛は、認識へと移行します。人間が以前は知らなかったものが把握されます。以前は、脳があるということを知りませんでした。いま人間は、脳を構築・維持するエーテル力の活動を知ります。

物質的な器官がエーテル部分から離れて、エーテル体が介入できないと、痛みを感じます。やがてアストラル体がそれに慣れ、エーテル体が自由になったことを意味する瘢痕《はんこん》が現われます。そして、エーテル体の力すべてが使い果たされないなら、快と至福の感情が現われます。

（注1）神界　シュタイナーは世界を、物質界・心魂界・精神界に分類する。精神界のことを、神智学で神界と言う。『シュタイナー用語辞典』参照。

（注2）茨の戴冠　『新約聖書』の「ヨハネ福音書」を指導書として、イエス・キリストの生涯を追体験していく修行において、茨の冠をかぶせられるイエスの姿を瞑想する段階。

泣く・笑う

人間と動物

この一連の精神科学的な考察は、人間の本質に接近するのが目的です。さまざまな面から、人間の謎を考察してきました。きょうは、ごく日常的なことについて話します。しかし、まったく日常的なことがらに結び付けることによって、いたるところに人生の謎があることが示されます。世界秩序の深みを洞察するために、その謎に取り組むべきです。精神的なもの、最高のものは、どこか見知らぬ彼方に探求されるのではなく、最も日常的なもののなかで私たちに開示されるからです。理解さえできれば、最も小さなもののなかに、最も大きなものを探求することができます。ですから、きょうは〈笑う・泣く〉という日常的なテーマを、精神科学の立場から考察してみます。

〈笑う・泣く〉は、まったく日常的なことがらにちがいありません。しかし、この現象は精神科学によってのみ理解可能です。精神科学のみが人間の最も深い本質のなかへと導くことができるからです。地上の鉱物界・植物界・動物界から人間がはっきり区別される部分に、精神科学は導くことができます。人間は地球で、最も神性に関与している存在です。そのために、その他の地上の被造物を越えて聳《そび》えています。ですから、精神的なものへと高まる知識と認識のみが、人間の本質を究めることができます。

〈笑う・泣く〉は、正しく評価・観察すべきものです。人間を動物に近づけようとする偏見を一掃するのに、〈笑う・泣く〉の考察が最も適したものだからです。人間を可能なかぎり動物に近づけようとする思考方法は、「動物のさまざまな活動のなかに、高い知性が見出せる。その知性はしばしば、人間の悟性がもたらすものに、確かさにおいて勝《まさ》っている」と、主張します。

そのように主張されても、精神科学者は特に驚きません。動物が知性的な活動をするとき、それは動物の個体に由来するのではなく、群れの心魂に由来するということを、精神科学者は知っているからです。群れの心魂という概念を外的な観察によって理解可能にするのは、大変困難です。完全に不可能ではないにしても、大変困難です。

ですから、「動物は泣いたり、笑ったりしない」という、外的な観察によって分かる事象を観察すべきです。たしかに、「動物も、笑ったり泣いたりする」と主張する人々がいます。しかし、〈笑う・泣く〉とは本来どういうことなのでしょうか。〈笑う・泣く〉とはどういうことかを知らないので、「動物も笑ったり泣いたりする」と言う人がいるのです。本当に心魂を観察する人は、「動物は泣かず、せいぜい鳴くのだ」ということを知っています。「動物は笑わず、歯をむきだせるだけだ」ということを知っています。〈鳴く〉と〈泣く〉、〈歯をむきだす〉と〈笑う〉を、区別しなくてはなりません。〈笑う・泣く〉の本質を明らかにするには、非常に重要な出来事にまで遡《さかのぼ》る必要があります。

個体性の発揮

人間の生活のなかには、二つの流れがあります。一つの流れは、両親・祖先から遺伝をとおして受け取ったもの、子孫に遺伝されていく人間の特性・特徴を包括します。もう一つの流れは、人間が個人として地上に下だることによって有する特性・特徴から構成されます。人間個人は、遺伝された特性を覆《おお》いのようにまとうだけです。人間個人は過ぎ去った人生、つまり前世に由来します。

人間は二重の存在なのです。一つの本質は祖先から遺伝されました。別の本質は自分の前世からたずさえてきました。一方に、前世・現世・来世と続く人間本来の存在の核、他方に、人間の存在の核を包む、遺伝された特徴があります。この二つが区別されます。地上への誕生以前に、輪廻転生していく個人の核が存在するのです。この核が物質的存在としての人間に結び付きます。人間が生まれると、通常の状況では、個体は入れ替わりません。誕生以前に、個体は人体と結び付いています。

この存在の核、個体が人間に働きかけはじめ、形成を開始するのがいつかは、別の問題です。子どもが生まれたとき、すでに子どものなかに、個体的な存在の核があります。しかし誕生前に、前世で獲得した能力を通用・作用させることはできません。誕生後まで待たねばなりません。父母・祖先から遺伝された特性・特徴は、誕生以前に活動します。しかし、人間存在の核は、誕生後に初めて作動します。

地上に生まれると、人間の個体的な存在の核は、人体を改造しはじめます。人間存在の核は、脳その他の器官を改造します。脳その他の器官は、個体存在の核の道具になります。ですから、子どもが誕生したときには、遺伝された特性を多く有し、それから次第に、個体の特性が人体に働きかけるのが分かります。

誕生前の人体への個体の働きかけについて話すのは、別の機会に譲りましょう。たとえば、両親を選び出すのが個体の仕事だ、ということについても話せるでしょう。これは根本的に、外からの働きかけです。誕生前の個体存在の核からの働きかけはすべて、たとえば母親などの仲介をとおして、外から働きかけたものです。

個体存在の核が、本格的に人体に働きかけはじめるのは、子どもが地上に誕生してからです。

ですから、本来の人間、個体は、誕生後に人間のなかで次第に表現されていきます。

子どもは最初、まだ動物と共通の特性を持っています。その特性が、きょう話そうとする〈笑う・泣く〉のなかに表現されます。誕生直後は、子どもは本当の意味で、笑ったり泣いたりできません。子どもが泣くのは、通常、誕生の四〇日後(注1)です。ついで、笑います。前世からもたらしたものが、初めて作用するからです。前世から携えてきたものが、そのとき初めて身体内部に入り、身体をとおして自らを表現します。このことによって、人間は動物よりも高い存在になっています。

動物の場合は、個体的な心魂が輪廻していく、と言うことはできません。動物の根拠になっているのは、群れの心魂です。動物の個体が輪廻する、と言うことはできません。動物は群れの心魂のなかに還ります。そして、群れの心魂のなかで生きつづけます。

人間のみが、ある人生において習得したものを保ち、神界を通過したのち、来世にもたらします。それは来世において、身体を次第に改造します。こうして、人体は物質的な祖先を表現するだけでなく、個人の素質・才能などを表現するものになります。
(注1) 四〇日後　同タイトルの公開講演(一九一〇年二月三日)では、「三六日あるいは四〇日目」となっている。

〈泣く・笑う〉の真相

人体における個我の活動は〈笑う・泣く〉を引き起こします。動物の場合のように集団自我ではなく、個我が内的に人体のなかにある存在においてのみ、〈笑う・泣く〉が可能です。〈笑う・泣く〉は、身体内での個我の精妙・親密な表現にほかならないからです。

人間が泣くとき、何が起こっているのでしょう。個我が何らかの点で、外界で個我を取り巻くものに対して弱く感じるときに、人間は泣きます。もし個我が人体のなかになかったら、つまり、自我が個体的でなかったら、外界に対して自分を弱いと感じることはできません。個我を有する人間が、外界との関係に不協和・不調和を感じます。この不調和の感情は、それに対する防御・調整の試みをとおして表現されます。どのようにして、人間は調整するのでしょう。個我がアストラル体を収縮させることによってです。

「泣くことによって発揮される悲しみにおいて、個我は外界との不調和を感じる。個我はアストラル体を自らのなかで収縮させ、自分の力を圧縮することによって、不調和を調整しようとする」と、言うことができます。

泣くことの基盤となるのは、精神的な経過です。悲しみの表現としての〈泣く〉を取り上げましょう。悲しみの根拠に到ろうとするなら、個々の場合において悲しみを正確に考察しなくてはならないでしょう。たとえば、悲しみは、いままで一緒にいた者との別離の表現です。私たちが失ったものが、まだ存在していたら、個我と外界との調和的な関係が存在していたことでしょう。私たちが何かを失い、個我が見捨てられたと感じるとき、不調和が生まれます。

さて、個我はアストラル体の力を収縮させ、アストラル体を圧縮して、見捨てられたことに対して防戦します。人間の第四の構成要素である個我が、第三の構成要素であるアストラル体を収縮させるのが、悲しみの表現です。その悲しみが涙を流させます。

〈笑う〉とは、どういうことでしょう。笑うのは、逆の経過に基づくものです。個我はアストラル体を緩《ゆる》めようとします。アストラル体の力を拡がらせ、アストラル体を膨張させようとします。収縮によって泣く状態が呼び出されるのに対し、アストラル体の弛《ゆる》み・膨張をとおして笑いが引き起こされます。

人が泣くとき、アストラル体が個我によって圧縮されるのが、明視意識によって確かめられます。笑うときは、個我によってアストラル体が拡がり、膨らみます。自我が集団自我として外から作用するのではなく、人間存在のなかで活動することによってのみ、〈笑う・泣く〉が成立します。

個我は誕生の時点では、まだ本来の活動をしておらず、内から人体を指揮することができません。個我は、次第に子どものなかで活動を始めます。ですから、子どもは生後まもなくは、笑ったり泣いたりできません。個我がアストラル体のなかで活動する内的な主人になるにつれて、笑ったり泣いたりできるようになります。

人間において、精神的なものはすべて身体のなかで表現されます。身体は精神の人相であり、凝固した精神にほかなりません。ですから、いま述べた特性は、身体の経過のなかにも表現されます。つぎのようなことを明らかにすれば、この身体の経過を理解できます。

人間と動物

動物は集団心魂・集団自我を持っています。この集団自我をとおして、動物に形態が刻印されます。なぜ動物は一定の、自らの内で完結した形態を有しているのでしょう。この形態はアストラル界から動物に刻印されたものであり、動物は本質的にこの形態を維持しなくてはなりません。

人間の形姿は、あらゆる動物形態を調和的に完結したかたちで内に有しています。この調和的な人間形姿、物質的人体は、動物の身体よりも内的に柔軟です。人体は動物の身体のように、形態のなかに固まっていません。人相は変化します。動物の顔の表情は、根本的に動かず、固定しています。それに対して、人間形姿は可動的です。身振りや人相が変化します。ここから、「人間は一定の境界内で可動的である」と、言うことができます。

個我が内にあることによって、自ら形態を刻印することが、人間に委ねられています。人間のような知性が、犬や鸚鵡《おうむ》の表情に個体的に表現されているとは、だれも思いつかないでしょう。動物は、一般的には知性がありますが、個体的にはそうではありません。犬や鸚鵡や獅子や象の場合、一般的な性格が勝っています。

人間の場合は、個人的な性格が顔に刻み込まれています。個体的な心魂が人相を彫塑《ちょうそ》的に形成していくのを、私たちは見ます。特に顔の表情の動きのなかに、個体的な心魂が現われています。人間は自分の形態を内から作っていくことができるので、このような可動性があるのです。自分を内から形成できるのが、人間が他の存在に勝っている点です。

人間が個我をとおしてアストラル体における諸力の関係を変化させる瞬間、それが身体的にも人相に表現されます。個我がアストラル体の力を変化させると、朝から晩までの顔の表情、筋肉の状態が変化します。個我がアストラル体を、通常の緊張状態に保たずに、弛ませ、拡げると、わずかの力によってエーテル体と物質的身体にも働きかけられます。その結果、筋肉が通常とは別の状態になります。アストラル体が個我によって緩められると、筋肉が通常とは異なった緊張状態になります。

笑うときには、アストラル体が個我によって緩められたことが、物質的・人相的に表現されているのです。アストラル体は日中、個我の影響下に、人間の筋肉を動かします。アストラル体が筋肉を拡張すると、笑いという表情が現われます。笑いは、アストラル体への個我の内的な働きかけを表現するものです。

アストラル体が悲しみの印象の下に、個我によって圧縮されると、この圧縮が物質的身体のなかへと継続します。その結果、涙が分泌されます。ある意味で、涙は圧縮されたアストラル体の影響下における血の流出です。

ですから、個体的な自我を自分のなかに受け入れ、個体的な自我をとおして作用できる存在のみが、笑ったり泣いたりできるのです。個体的な自我によって、アストラル体の力を内から引き締めたり、緩めたりできます。私たちが笑う人、泣く人に向き合うとき、人間が動物よりも崇高であるという事実が証明されます。

動物のアストラル体のなかでは、自我が外から働きかけます。動物のアストラル体の緊張状態は、外からのみ引き起こされます。そのような存在においては、〈笑う・泣く〉のように、内的なものが外に向けて表現されることは不可能です。

呼吸

笑っているときと泣いているときの呼吸プロセスを観察すると、〈笑う・泣く〉の経過に、もっと多くのことが示されます。泣いている人の呼吸を観察すると、長く息を吐き、短く息を吸っているのが分かります。笑う人は、反対です。短く息を吐き、長く息を吸います。呼吸プロセスは、いま述べた経過の影響下に変化します。想像力をもって、よく考えると、なぜそうなのか、容易に理由が分かるでしょう。

泣いているとき、アストラル体は個我によって収縮・圧縮されます。その結果、呼吸は絞り出されるようになります。長く息を吐くのです。笑うときには、アストラル体が弛緩します。ある空間から空気をポンプでくみ出して空気を薄くすると、その中に空気が吹き入るのと同じです。このように、笑いの影響で長く息を吸います。

個我がアストラル体のなかで活動するのを、私たちは呼吸プロセスの変化のなかに見ます。この独特の活動において、いかに呼吸プロセスが別様になるかを見ます。そうして、動物においては外にある集団自我を、私たちは人間のなかに認知します。この経過の宇宙的な意味を、私たちは窺い知ります。

「動物の呼吸プロセスは、外から厳密に規制されている。動物の呼吸プロセスは、内的な個体的自我に基づいていない」と、言うことができます。呼吸プロセスを保ち、呼吸プロセスを規制するものは、『聖書』の秘密の教えにおいては「ネフェシュ」と呼ばれました。これは「動物的心魂」と言うべきものです。動物における集団自我がネフェシュです。『聖書』には、「神は人間に、ネフェシュつまり動物的心魂を吹き込んだ。そして人間は、自分のなかで生きる心魂になった(注1)」と、書かれています。

この一節は頻繁に、誤って理解されます。今日では、人々はこのような深い本を読むことができないからです。人々は一面的に読みます。たとえば、「神は人間にネフェシュ、動物的心魂を吹き込んだ」と書いてあるのは、この瞬間に神がネフェシュを創ったということではありません。ネフェシュは、すでに存在していました。以前には、人間のなかにはなく、外に存在していたのです。神が行なったのは、以前には集団心魂として外にあったものを、人間の内面に入れたことです。このような表現を、本当に徹底的に理解することが大事です。

「ネフェシュが人間の内面に入れられたことによって、何が生じたのか」と、問うことができるかもしれません。この結果、人間は動物を越えた崇高さに到達し、自我を内的に活動させることが可能になりました。笑い、泣くことが可能になりました。そうして、喜びと苦しみが自分に作用するのを体験できるようになったのです。

ここで私たちは、苦痛と喜びが人生において有する意味深い作用に到ります。人間が個我を自分のなかに有していなかったら、苦痛と喜びを内的に体験できなかったことでしょう。苦痛と喜びは、実体なく通り過ぎていたことでしょう。

人間は個我を有し、内からアストラル体および身体全体に手を加えることができます。そのために、苦痛と喜びは自分自身に作用する力になります。私たちは人生で体験した苦痛と喜びを摂取して、来世に持っていきます。苦痛と喜びは、創造的に私たちに作用します。ですから、

「人間が泣いたり笑ったりできるようになったとき、つまり人間の自我が内部に移されたときに、苦痛と喜びは創造的な宇宙の力になる」と、言うことができるでしょう。

（注1）神は人間に、ネフェシュ……　『聖書』「創世記」二章七節。

個我とアストラル体

〈笑う・泣く〉というのは、日常的なことです。しかし、それがどのように人間の本来の精神的部分に関係しているかを知らないと、よく理解できません。人間が泣いたり笑ったりするとき、個我とアストラル体のあいだで何が演じられるのかを知らないと、理解できません。

人間を形成するものは、絶えず進化していきます。人間が笑ったり泣いたりできるのは、個我がアストラル体に働きかけることができるからです。たしかに、そのとおりです。しかし他面では、人間の物質的身体とエーテル体は、人間が最初に地上に受肉したとき、すでに内面における個我の仕事に適したものでした。

もし個体的な自我を馬のなかに押し込むことができたら、馬はとても不幸だと感じるでしょう。馬は、自我の個体的な作業を何も表現できないからです。馬のなかに入った個体的な自我はどうなるか、考えてみてください。個体的な自我が馬のアストラル体に働きかけて、アストラル体を収縮させたり、拡張させようとしたとしましょう。アストラル体は、物質的身体ならびにエーテル体と結び付いています。物質的身体とエーテル体は、アストラル体の形態に適合できないと、大変な妨害になります。壁に向かって戦っているような状態です。馬のなかの自我は、アストラル体・エーテル体・物質的身体を引き寄せようとしても、調子が狂います。その結果、物質的身体・エーテル体と歩調を合わせられない馬は、気が狂います。

人間には初めから、このような活動の素質が備わっています。人間は物質的身体を、個我の道具にすることができました。しだいに個我によって、物質的身体を支配できました。人間は初めから、そのような物質的身体を獲得していたのです。

ですから、つぎのようなことも生じます。物質的身体とエーテル体が正しく個我の担い手であることができながら、個我が非常に未発達で、物質的身体とエーテル体を立派に支配できない、という状態です。その場合、物質的身体とエーテル体は、個我の覆いのように見えながら、個我を完全には表現していません。不随意に笑ったり泣いたりする人が、そうです。いつも馬鹿笑いし、笑筋を支配できない人です。高次の人間性を物質的身体とエーテル体のなかに示しているのですが、まだ個我が人間を支配していません。ですから、馬鹿笑いは不愉快なのです。

人間はすでにできるものよりも、まだできないものに向けて努力することによって高みに到ります。ある存在が、自分に与えられた位置よりも低いレベルで自らを表現すると、特別に不愉快な感じがします。〈笑う・泣く〉は、ある意味で、人間の個我の表現です。個我が人間の本性のなかに宿っていることをとおしてのみ、笑ったり泣いたりできます。

泣くという行為は、非常な利己主義を表現している場合があります。泣くのは、しばしば内的な快楽にすぎないことがあるからです。見捨てられたと感じる人間は、個我によってアストラル体を収縮させます。外的に弱く感じるので、自分を内的に強くしようとします。涙を流すことによって、内的な強さを感じるのです。認めようと認めまいと、涙を流すときには、いつも満足の感情が伴います。便通があると満足するように、涙を流すのは、しばしば内的な快感の発露にほかなりません。意識はしなくても、涙という仮面を被った快感です。

笑う神々

笑いは、ある意味で個我の表現です。なぜ、人間は笑うのでしょう。笑うのは、「自分は周囲よりも高い。自分は周囲で起こっていることよりも高い」と、感じるからです。自分が観察するものよりも、自分が上に立っているとき、人間はいつも笑います。これは、いつでも確められます。みなさんが自分自身もしくは誰かのことを笑うなら、みなさんの個我がそれらよりも高い、と感じているからです。自分が高みにあると感じると、アストラル体の力が拡張し、拡がり、反《そ》り返ります。これが、笑いの元にあるものです。

ですから、笑いは健康なのです。抽象的に、あらゆる自我性、威張った態度を非難してはなりません。笑いが人間の自己感情を強め、自分を越え出ることを可能にするものなら、非常に健全なものでありえます。周囲を見て、自分や他人に、何か無意味なものを見るとします。そうすると、自分がその無意味なものを高く越えているので、人間は笑います。自分が周囲の何かより高いと感じると、個我はアストラル体を拡張することによって、その感じを表現します。「神は人間にネフェシュを吹き込み、人間は生きた心魂になった」という文章を、呼吸プロセスに照らし合わせて理解しようとするなら、〈笑う・泣く〉との関連も感じられます。笑うとき、泣くとき、呼吸プロセス自体が変化するのを、みなさんは知っています。このように、ごく日常的なものが、精神科学的に考察することによって理解可能になります。人間の四つの構成要素の関連を理解することによってのみ、私たちは〈笑う・泣く〉を理解できます。

まだ明視的な伝統があった時代、ファンタジーやイマジネーションから神々を具象化する能力のあった時代には、神々は朗らかな存在として描かれました。神々の主な特徴は、朗らかさ、笑いでした。

特に度を過ごした自我性の支配する世界領域では「哀哭《なげき》・切歯《はがみ》することあらん」(「マタイ福音書」二三章四二節)と言われるのは、理由のあることです。笑うというのは聳え立つこと、個我が周囲を越えて出ていくことです。つまり、上のものが下のものに勝つことを意味します。反対に、泣くのは身を屈めること、外界から引っ込むこと、小さくなることを意味します。個我が見捨てられたと感じること、自分自身に引きこもることです。この悲しみは克服されるにちがいない、と私たちは知っています。ですから、人間生活における悲しみは感動的なのです。悲しみが克服されない世界においては、悲しみと涙は感動的でなく、絶望的に思われます。そこでは、悲しみは劫罰《ごうばつ》であり、闇のなかに突き落とされることにほかなりません。

自分自身への個我の作用によって人間に刻印されるものを考察すると、このように私たちは感じるにちがいありません。よく注意して、内密な部分まで追跡しなければなりません。時間の経過のなかで私たちに向かい合う多くのものを、私たちは理解しました。物質界の背後に精神界があるということを、私たちは意識しなければなりません。〈笑う・泣く〉は、人間の生活のなかで交互に現われます。笑うのは、天の明るい朗らかさです。泣くのは、地獄の暗く苦《にが》い悲しみです。この双方が、私たちのいる「中間世界」の基盤になっています。この中間世界は、天と地獄から力を引き出しています。

内なる神性

人間の本質に関して、まだ多くのことを、私たちは知ることになるでしょう。しかし、人間の本質に関して非常に意味深いものが、〈笑う・泣く〉という日常的な活動です。動物は笑ったり泣いたりしません。動物のなかには、神性の滴《しずく》が入っていないからです。

人間は神性の滴を、個我のなかに有しています。自然を読み解くことのできる者にとって、人間が笑いはじめ、泣きはじめるのは、本当に神的なものが人間のなかに生きていることの証しとなります。人間が笑うとき、低いものの上に高まろうとする神が人間のなかで活動します。人間が泣くとき、「弱くなること、見捨てられたと感じることに対して、個我が内面で強まらないと、個我を失うことになる」と、神が人間を戒めます。笑い、泣くとき、人間のなかの神が心魂に警告を与えます。

不必要に泣いている人を見ると、人生を理解する者は憤慨します。不必要に泣くのは、周囲とともに生き・感じる代わりに、個我のなかで快楽に浸っているからです。また、周囲の上に個我が高まることが自己目的になり、あらゆることを冷笑し、酷評して笑う人を見ると、苦々しく感じられます。そのようだと、個我は高まることができず、退歩します。

「個我が周囲から何も引き出さず、周囲とともに生きようとせず、根拠なく周囲を越えようとするなら、この個我は上昇する力を持たない。個我は発達のための要因を周囲から引き出すことによってのみ、上方への力を探求できる」と、世界を理解する者は思います。

苦痛と喜びとの美しい調和は、人間の進歩に非常に貢献します。苦痛と喜びが内面にとどまらず、周囲の世界と関わり、個我が苦痛と喜びのあいだで、絶えず周囲に正しい関係を作ろうとするなら、苦痛と喜びは人間を正しく進化させる要素になります。

思い上がりや個我の圧縮に根差すのではなく、個我と周囲の関係に起因する苦痛や喜びを、偉大な詩人はしばしば美しい言葉で表現します。均衡から抜け出た関係が、なぜ人間は笑うのか、なぜ人間は泣くのかを説明します。人間は外界にいます。そして外界によって、個我と外界との関係が妨害されるのです。

　人間は笑ったり、泣いたりします。しかし一般には、なぜ人間が笑ったり泣いたりするのか理解できません。自分のことだけで笑ったり泣いたりするのは、根拠のない利己主義です。夫を案じ、乳飲み子を案ずるアンドロマケ(注1)について、「彼女は笑いながら泣くことができた」と、ホメロス(注2)は語っています。これは素晴らしい表現です。正しい涙を、みごとに表現しています。

　彼女は、自分のために笑ったり泣いたりしているのではありません。彼女が一方では夫、他方では子どもを案じるとき、外界への正しい関係が存在しています。そこには、〈笑う〉と〈泣く〉のあいだに均衡があります。笑いながら泣き、泣きながら笑うのです。

　大人のように、自我が強く自分のなかで硬化していない素朴な子どもの場合も、しばしば同じような表現が見られます。子どもは、泣きながら笑い、笑いながら泣くことができます。

　賢者は自我を克服して、〈笑う・泣く〉の根拠を自分のなかではなく、外界に見出します。賢者は笑いながら泣き、泣きながら笑うことができます。

　日々、私たちのそばを通り過ぎるものを理解すると、そこには精神が完全に表現されています。〈笑う・泣く〉を、最高の意味で、人間における神的なものの現われと言うことができます。

（注1）アンドロマケ　Andromache　トロイア王ヘクトルの妻。ヘクトルはアキレスに討たれる。

（注2）ホメロス　Homer（紀元前九世紀頃）古代ギリシアの詩人。トロイア戦争を描いた『イリアス』と、トロイア戦争後のオデュッセウスの漂白を物語る『オデュッセイア』の作者。ここで引用されているのは『イリアス』第六章。『シュタイナー用語辞典』参照。

忘れる

忘却

きょう行なう精神科学的考察は、人智学《アントロポゾフィー》的な世界観をとおして到達できる知識が、生活全般を解明するのに適していることを示します。そのような知識によって、日常の生活が理解できるようになるだけではありません。死から再誕までの時間に人間が目にする宇宙領域における人生も解明されます。しかし、精神科学は日々の生活にとても役立ちます。精神科学によって多くの謎が解かれ、生活をうまく処理することができます。

存在の根底を見ることのできない者には、日々刻々、生活において経験する多くのことが不可解なものにとどまります。感覚の経験からは答えることのできない、多くの問いが押し寄せます。答えられないものは謎にとどまり、不満を呼び出すことによって、生活を妨害します。生活のなかの不満は、人間の進化・安寧に貢献しません。通常、人が予感しているよりも、ずっと深く人生のなかを照らし出す、人生の謎を何百も提示することができるでしょう。

多くの謎を秘めているものの一つが「忘却」です。だれもが、「忘れる」という言葉は知っています。何らかの表象・思考・印象の保持と反対なのが忘却です。忘却によって、みなさんはさまざまに困った経験をしたことがあるでしょう。何らかの表象・印象が記憶から消え去ったことで、悩んだことがあるはずです。もしかしたら、「何のために、忘却のようなものが人生にあるのか」と、考え込んだことがあるかもしれません。

秘められたいとなみから、そのようなことがらについて、実り多い解明ができます。記憶は人間のエーテル体と関連していることを、みなさんは知っています。記憶の反対、つまり忘却もエーテル体と関わりがある、と仮定することができます。

「かつて表象したものを忘れることがあるというのは、生活にとって意味があるのか」という問いは正当なものでしょう。あるいは、忘却は困ったものだ、と頻繁に思うことで満足しなければならないのでしょうか。「すべてをいつも思い出すことができないのは、人間の心魂の欠陥だ」と、しばしば言われます。

記憶の本質と意味を明らかにすることによって、忘却を解明できます。

人間と植物のエーテル体

記憶がエーテル体と関連するなら、「人間のエーテル体は、印象・表象を保つという課題を持っている。それに対して、植物のエーテル体は本質的に別の課題を持っているのはどうしてなのか」と、問わねばならないでしょう。

植物は鉱物とは異なって、エーテル体に浸透されています。植物においてエーテル体は、生命原則、繰り返しの原則です。もし植物がエーテル体の活動だけに支配されていたら、根から始まって、葉がどこまでも繰り返されていたことでしょう。エーテル体によって、生物の各部分がどこまでも繰り返されます。エーテル体は、どこまでも同じものを生み出そうとするからです。ですから、生命のなかには、同様のものを生じさせる繁殖力があります。それは本質的に、エーテル体の活動に拠ります。

人間と動物においても、繰り返されるものはエーテル的原則に起因します。脊柱において環状の骨が繰り返されているのは、エーテル体の活動に拠ります。植物の生長が上方で完結し、花において生長全体が完結するのは、地球のアストラル実質が外から植物の生長に入り込むからです。人間においては、脊柱の環状の骨が上方で頭蓋骨へと拡張しています。それはアストラル体の活動に拠ります。「完結するものはすべてアストラル体に基づく。繰り返しはエーテル体に由来する」と、言うことができます。

植物はエーテル体を有し、人間もエーテル体を有しています。植物には、もちろん記憶はありません。「最初の葉を原型として次の葉が現われるから、植物には無意識の記憶が認められる」という主張は妄想です。近代の自然科学は、そのような空想に傾いています。もしも、そうなら、たとえば遺伝も無意識の記憶に由来する、と言うことになるでしょう。このような乱暴な議論が、自然科学の文献ではまかりとおっています。植物における記憶について語るのは、単なる半可通の好事家です。

成長の法則

繰り返しの原則であるエーテル体に、私たちは関わります。人間のエーテル体は、植物のエーテル体の特性に加えて、記憶を形成する能力を有しています。植物と人間はどこで区別されるかを、私たちは明らかにしなくてはなりません。植物の種《たね》を地中に埋めてみましょう。その種から植物が発生します。小麦の種からは小麦の茎・穂が発生します。豆の種からは豆が発生します。「どのように植物が発展するかは、種の性質によって決定されている」と、言わねばなりません。庭師が人工的に植物に手を加え、変種を作ることはあります。しかし、それは例外であり、「一定の形姿に生長する植物が、種から発生する」ということに比べれば、ささいなことです。

人間でも、そうでしょうか。たしかに、ある程度までは、そうです。しかし、ある程度までしかありません。人間が胎児から発生するとき、ある限界で進化が終了するのが見られます。黒人の両親からは黒人が生まれ、白人の両親からは白人が生まれます。植物と同様、人間においても発展がある限界で終結する例を、私たちはいくつも挙げることができるでしょう。

一定の限界、物質的身体・エーテル体・アストラル体の本性の限界までしか進みません。生涯変わらぬ子どもの習慣と情熱が、そのことを証明します。祖先の情熱・本能に似たままの子どもです。しかし、人間が植物のように、ある成長の限界に閉じ込められているなら、教育の可能性、心魂的・精神的特性の発展はないでしょう。

二組の両親の子どもたちの素質・外的特性が非常に似ているとしましょう。一方の子どもは、あまり教育されず、放っておかれて、荒れています。もう一人は入念に教育され、よい学校に通い、進歩を遂げます。その進歩が豆のように、すでに胎児のときに存在していた、と言うことは不可能です。豆は種から発生し、特に教育する必要はありません。私たちは植物を教育することはできませんが、人間は教育できます。私たちは人間に何かを伝え、何かをもたらすことができます。植物には、そのようにできません。どうしてでしょうか。

植物のエーテル体は、どんな場合も、完結した一定の内的な法則性を有しているからです。一定の範囲内で、種から種へと発展していきます。その範囲を越えていくことはできません。

人間のエーテル体は異なっています。成長に用いられる部分、植物のように一定の限界内の発展に用いられる部分のほかに、別の部分が人間のエーテル体のなかにあるのです。何にも用いられない、自由な部分です。

教育によって心魂にさまざまなものを入れ込み、エーテル体の自由な部分で消化します。自然によっては使用されない部分が、人間のエーテル体にはあるのです。人間はエーテル体の、この部分を保ちます。この部分は、人体の自然な成長・発展には用いられません。この部分を自由なものとして、人間は自分のなかに保ちます。この部分をとおして、人間は教育によって入ってくる表象を受け入れることができるのです。

印象

表象を受け入れるに当たって、人間はまず印象を受け取ります。人間はいつも印象を受け入れねばなりません。教育はすべて印象に基づき、エーテル体とアストラル体の協同に基づきます。印象を受け取るのは、アストラル体です。その印象が消え去らないように、印象を保つにはエーテル体が必要です。ささいな、無意味に思える記憶にも、エーテル体の活動が必要です。たとえば、ある対象を眺めるときには、アストラル体が必要です。しかし、顔を背けたときに、その対象のイメージを自分のなかに保つには、エーテル体が必要です。見ることにはアストラル体が関与します。表象を持つには、エーテル体が必要です。

エーテル体の活動は本来、持続的な習慣・傾向、気質の変化などが生じるときに考察されます。しかし、表象を保つために、ごくわずかとはいえ、エーテル体が使用されます。単純な表象を記憶に保つときにも、エーテル体は必要です。表象の保持は、記憶力に基づきます。

さて、私たちは教育をとおして、人間の精神的進歩をとおして、自由なエーテル部分にさまざまなものを差し込みます。「この自由なエーテル部分は、人間の成長・発達に無意味なものにとどまるのか」と、問うことができます。

そうではありません。教育をとおしてエーテル体に摂取したものは、人間が年を取るほど、人体の生命全体に関与していきます。若いころは、それほどでもありません。どのように関与するか、通常の人生で考察される事実を取り上げると、よく思い描けます。

心魂は人間の生命にとって大きな意味を持っていない、と思われています。しかし、つぎのようなことが生じます。単に気象条件が適切でなかったために病気になった人がいる、と考えてみてください。この人物は二つの条件によって病気になった、と仮定してみましょう。たとえば、エーテル体の自由な部分をあまり消化しなかった、としましょう。怠惰な人間だとしてみましょう。外界はあまり印象を与えません。教育は大変困難で、右の耳から聞いたことが左の耳から出ていくような人です。たとえば活発な感覚を持ち、若いころに多くのものを受け取って消化し、エーテル体の自由な部分がよく育成された人々が有するものを、この人物は持ちません。

なぜ、ある人は他の人よりも治療が難しいのか、外的な医学は確かめるべきです。さまざまな印象をとおして精力的になったエーテル体の自由な部分が効力を発揮し、その内的な動きをとおして治療プロセスに関与します。若いころに、物事にいきいきと精神的に関与して、印象を熱心に受け取っていると、多くの場合、速やかに回復します。精神が身体に影響するのです。無気力に生活している人には、エーテル体の自由な部分が活発な人とは異なった治療が必要です。精神的に怠惰な人間と精神的に活発な人間とでは、病気のときにどのような相違があるかをよく観察すると、精神が身体に影響するという事実を外的にも確認できます。

人間のエーテル体は、植物のエーテル体とはまったく異なっているのが分かります。人間が発展させるエーテル体の自由な部分が、植物にはありません。人間はエーテル体の自由な部分を持っているために、進化が可能なのです。千年前の豆と今日の豆を比べてみると、たしかに違いはありますが、それは本質的に小さな違いです。豆は本質的に、同じ形態にとどまります。カール大帝[注1]のころのヨーロッパ人と、今日の人間を比べてみましょう。なぜ今日の人間は、当時の人間とはまったく異なった表象・感受を有しているのでしょうか。エーテル体の自由な部分をとおして何かを受け取り、自分の性質を変えることができたからです。この作用が、個々のことがらにおいてどう現われるか、考察しなければなりません。

（注1）カール大帝　Karl（Charlemagne）（七四二―八一四年）フランク王国カロリング朝の王。ローマ法王によって皇帝に叙せられ、学芸を奨励した。シャルルマーニュ。

忘れられた表象の働き

ある人が印象を受け取り、その印象が記憶から消えずに、とどまる場合を考えてみましょう。その人が若いころ受けた印象のすべてが、毎日、朝から晩まで現存していると考えると、それは変なことです。死後しばらくのあいだは、生涯のあいだに受け取った印象すべてが現存することを、みなさんは知っています。それには、よい目的があります。

しかし、人間は忘れます。みなさんは幼児期に体験した無数のことがらを忘れるだけではありません。去年体験したことの多くも忘れます。きのう体験したことのいくつかも忘れているはずです。

記憶から消え去った表象、みなさんが「忘れた」ものは、みなさんの精神的有機体全体から消え去ったのではありません。きのうバラを見たということは忘れても、バラのイメージはみなさんのなかに存在しています。みなさんが受け取った他の印象も、意識は忘れても、みなさんのなかに存在しています。

記憶に保たれる表象と、記憶から消え去った表象とのあいだには、大きな違いがあります。外的な印象から形成した表象が意識のなかに生きていることに、私たちは注目します。その表象はしだいに消え去って、忘れられます。しかし、その表象は精神的有機体全体のなかにとどまっているのです。

忘れられた表象は、何に従事しているのでしょう。意味深い仕事があるのです。エーテル体の自由な部分に働きかけはじめるのです。表象は忘れられると、エーテル体の自由な部分を人間が使用できるようにします。その表象は消化されます。人間が表象を、何かを知るために用いているあいだ、表象はエーテル体の自由な部分に内的に働きかけることができません。表象は忘却のなかへと沈む瞬間、働きはじめます。「エーテル体の自由な部分のなかで、絶えざる働き、絶えざる創造が行なわれている」と言うことができます。

そこで創造するものは、何でしょう。忘れ去られた表象です。表象は記憶されているかぎり、対象に関連しています。バラを考察して、その表象を記憶しているなら、バラの表象は外的な対象に関連しています。その表象は外的な対象に縛られ、外的な対象に内的な力を送らねばなりません。その表象は忘れられた瞬間、内的に解放されます。そして、人間のエーテル体に働きかける力を発展させはじめます。忘れられた表象は、私たちにとって、非常に本質的な意味を持っているのです。

植物は忘れることができません。印象を受け取ることもできません。植物のエーテル体すべては生長に使い果たされます。使用されずに残った部分がないので、植物は覚えることも忘れることもできません。

忘却の恵み

すべては法則的な必然性から生じます。発展すべきものが、発展を支持されないと、進歩が妨げられます。有機体のなかで進歩に順応しないものは、すべて進化を妨げます。目の内部で、さまざまなものが分泌されるとしましょう。眼球内の水分のなかに受け入れられないものが分泌されます。そうすると、目はよく見ることができません。中に織り込まれないもの、受け入れられないものは、とどまることができません。

精神的な印象も、そうです。受け取った印象を絶えず意識に保つ人の場合、忘れられた表象によって養われるべき部分が麻痺したような状態になって、進化を妨げます。人間が夜、横になっても心配事に悩んでいるために、意識から印象を追い出せないといかに有害かが、ここから分かります。その印象を忘れることができたら、その印象はエーテル体に恵みをもたらします。忘却の恵みが明らかになります。無理をして表象を保たずに、忘れることを学ぶ必要があります。忘れられないのは、人間の内的な健康にとって非常に有害です。

最も日常的なことがらについて語りうることは、倫理的・道徳的なことがらにも適用できます。執念深くない性格が恵みをもたらすのは、ここに基づきます。執念深いと、健康が消耗されます。だれかに害を被り、その人を見るたびに、繰り返しその印象に戻るとします。害を被ったという表象がよみがえり、反発します。

私たちに害を与えた人と、つぎに会ったときに、何もなかったかのように握手するとしましょう。そうすると、よい影響が自分におよびます。それは実際、救いになります。人が私たちに何かを行なったとき、その行為の表象が鈍く不活発に外に向かって示されるとしましょう。そうすると、その表象は内に向けて、沈痛用の香油のように、人間のなかにあるさまざまなものに注ぎ込みます。これは事実です。ここから、私たちはさらに広い意味で、忘却の恵みを見ることができます。忘れるのは、人間にとって単なる欠点ではありません。忘れるのは人間の生活において、最も恵み多いことに属します。

記憶力を増進して、印象すべてを記憶に保っていると、エーテル体は担うものが増えて内容豊かにはなりますが、同時に枯れ果てていきます。エーテル体が発達できるのは、忘れるからです。

表象は人間から完全には消え去りません。そのことは、死の直後に全生涯の記憶が蘇ることに、よく示されます。どの印象も完全には失われていない、ということが示されます。

死後の記憶と忘却

日常生活における忘却の恵みを、客観的な領域と精神的な領域において観察しました。ついで、死と再誕のあいだの時期における忘却の意味を考えることができます。

本来の精神界である神界に入るまえに通過する欲界とは、一体何なのでしょう。地上で有した愛着・欲望・享楽を、人間は死後すぐに忘れることができないので、欲界は存在しているのです。

人間は死ぬと、まず物質的身体を捨て去ります。ついで、人生の記憶画像(注1)が心魂のまえに現われます。二～三日、おそくとも四日後には、記憶画像は完全になくなります。そして、エーテル体の精髄が残ります。エーテル体の大部分は宇宙エーテルのなかに解消しますが、エーテル体のエッセンス・骨格・基質は残ります。

アストラル体は、本能・衝動・欲望・情熱・感情・感受・享楽の担い手です。アストラル体がエーテル体の残りと結び付いていることによって、生前に享楽・切望したことを思い出す可能性がなかったら、アストラル体は欲界で欠乏の苦しみを意識できないでしょう。欲界での浄化は根本的に、人間を物質界に縛り付けていたものを、しだいに忘れていくことにほかなりません。

人間は神界に入ろうとするなら、自分を物質界に縛り付けていたものを、まず忘れる必要があります。そこでも、人間は物質界の記憶を有していることによって苦しむのを、私たちは見ます。記憶から離れないと、心配で苦しめられるように、死後に残った愛着・本能が人間を苦しめます。

欲界を通過するとき、身体との関連の記憶に苦しみます。物質界に対する願望・欲望をすべて忘れることができたとき、自分の生きた人生の成果と果実が現われます。その成果・果実が神界で活動しなくてはなりません。それが、来世の形姿を彫塑《ちょうそ》的に作り上げていきます。

人間は神界で、来世のための新しい形姿に働きかけます。人間は神界にいるあいだ、来世の身体の準備という仕事に至福を感じます。人間は欲界を通過したあと、来世の自分の姿を準備しはじめます。神界で生活する人間は、自分が携えてきた精髄を、来世の原像を構築するために用います。その原像を形成するとき、人間は過ぎ去った人生の果実を入れるようにします。その作業は、欲界で自分を重苦しくしていたものを忘れることによってのみ可能です。

欲界における苦悩・欠乏は、人間が物質界との関連を忘れることができず、物質界の思い出が心魂のまえに漂うことに由来します。しかし、「忘却の川」を渡ると、忘れることを学び、生前の成果と体験を、来世の原像・原型を形成するために用います。そして、苦悩の代わりに、神界の至福が始まります。

表象が記憶から去らないと、通常の生活で心配に苦しみます。枯れた部分がエーテル体に差し込まれると、それが私たちを不健康にします。そのように、忘れることによって物質界との関連をすべて取り去らないかぎり、苦悩と不自由をもたらすものが、死後、私たちのなかに存在します。忘れられた表象は、人間にとって健康の萌芽となりえます。同様に、人間が忘却の川を渡り、自分を感覚界における人生に結び付けていたものをすべて忘れると、生前の経験はすべて神界における至福の源泉になります。

このように大きな規模においても、忘却と記憶の法則が通用します。

「生前の人生を忘れねばならないのなら、生前に生じたことを、死後どのようにして表象できるのか」という問いを投げかけることができるでしょう。

「記憶と忘却はエーテル体に関係するのだから、そもそも忘却について語ることができるのか」と言う人がいるかもしれません。

記憶と忘却は死後、別の姿を取ります。通常の記憶の代わりに、「アーカーシャ年代記(注2)」を読むことになるのです。世界で生じたことは消え去るのではありません。客観的に存在しつづけます。欲界で、記憶は物質的な生活との関連を失います。過去の記憶は、人間がアーカーシャ年代記に向かい合うことによって、まったく別の方法で現われます。通常の記憶から生じるいとなみとの関連は必要ではありません。投げかけられる問いは、すべて解かれていきます。

しかし、そのためには時間をかけて、これらのことがらを処理していくことが必要です。あることを理解するには、すべてを眼中に収めていなくてはならないからです。

（注1）記憶画像　死の直後に出現する、自分の一生のイメージ。『シュタイナー用語辞典』参照。

（注2）アーカーシャ年代記　精神界に存在すると言われる、すべて出来事の記憶を保管している領域。アーカーシャ（阿迦捨）は、梵語で虚空の意。『シュタイナー用語辞典』参照。

道徳衝動

いま述べたことを知ると、日常生活において多くのことが解明されます。人間のエーテル体に属する多くのものが、人間の気質の独特の反応において示されます。気質という持続する性格の特徴の起源はエーテル体にあります。

ある表象から抜け出られない、憂鬱質の人を取り上げてみましょう。いつも、それについて考え込んでいます。多血質や粘液質の場合、表象はすぐに消え去ります。憂鬱質という気質は、人間の健康にとって有害になります。反対に、多血質という気質は、ある意味で人間の健康に非常に役立ちます。もちろん、「すべてを忘れるように努力しなくてはいけない」というのではありません。しかし、このようにして、多血質や粘液質が健康によく、憂鬱質が不健康なことが説明されます。

もちろん、粘液質も正しい方法で作用するかどうかが問題です。平凡な表象ばかり受け取っている粘液質の人は、その表象をすぐに忘れます。そうして、健康になります。しかし、平凡な表象ばかり受け取っているのは、よいことではありません。人間には、さまざまなものごとが入り交じって作用します。

「忘れるのは、人間本性の欠陥なのか、あるいは、有益なものなのか」という問いは、精神科学の認識によって答えを与えられます。このようなことがらの認識から、強い道徳的衝動が発するのが分かります。客観的に考察して、侮辱や危害を加えられたことを忘れることができるのは幸いだと思うと、いままでとはまったく別の衝動が生まれます。忘却は無意味だと思っているかぎり、何を言っても役に立ちません。しかし、忘れるべきであり、そこに救いがかかっていると知るなら、その衝動をまったく別様に自分に作用させることになります。

それは利己主義だ、と言う必要はありません。「私が病気・病弱なら、自分の精神的・心魂的・身体的な内面を壊し、世界のために役立てない」と、言うことができます。健康について、まったく別の観点から考察できるのです。

はっきりした利己主義者には、このような考察もあまり役立たないでしょう。しかし、人類の安寧に思いを向けている人は、自分が人々と協同できるために、自分の安寧も心掛けています。そのように考えることのできる人は、このような考察から道徳的な果実を引き出せるでしょう。

精神科学は、精神的な状況について真実を示すことによって人間生活に介入するとき、最大の倫理的・道徳的な衝動を提供します。ほかの認識や単なる外的なモラルの命令からは提供されない衝動を、精神科学は提供します。精神科学が伝える精神世界の事実の認識は、モラルに関しても、人間生活における最大の進歩をもたらしうるのです。

心の世界の特徴

アストラル界

私たちの考察の中心は人間です。人間を理解するのは、そもそも世界の大部分を理解することです。しかし、人間というのは理解しがたいものです。きょう、いわゆるアストラル界について語ることによって、人間について、いくらか理解できるようになるでしょう。

人間の心魂には多様な内容が含まれています。きょうは、その内容のいくつかを思い浮かべてみましょう。心魂の特徴を思い浮かべてみましょう。

私たちの心魂のいとなみのなかには、さまざまな感情・感受・思考・表象・理念・意志衝動が生きています。朝から晩まで、膨大なものごとが、私たちの心魂を通り過ぎていきます。人間を表面的に考察すると、心魂のいとなみは、それ自体で完結したもの、自らの内で関連しあっているものに思われます。

朝、最初の考えを抱き、最初の感受が心魂に輝き、最初の意志衝動が発します。そのとき、みなさんがどのような体験をするか、考察してみましょう。そして、意識が眠りのなかに沈む宵《よい》まで、いかにさまざまな表象、さまざまな感情、さまざまな意志衝動が湧き出るか、考察してみましょう。それらは、流れ去るもののように見えます。

しかし深く考察すると、それらは流れ去ってはいません。私たちは、自分の思考・感情・感受をとおして、高次世界と絶えず関係しているのです。もちろん、その関係は多くの人にとって、無意識にとどまっています。きょうは、私たちがアストラル界とどのような関係にあるかを考察してみましょう。

アストラル界との結び付き

私たちが何らかの感情を持ち、喜びや驚愕が私たちの心魂を震わすとき、それは最初、私たちの心魂のなかでの出来事です。しかし、単にそうなのではありません。明視的に確かめることができるなら、驚愕や喜びの瞬間に、その感情から何かが光を発して流れ出るのに気づきます。その流れは、アストラル界の存在に到ります。その流れは無意味・盲滅法に発するのではありません。アストラル界の存在への道をたどるのです。私たちのなかに感受が輝くことによって、私たちはアストラル界の存在と結び付きます。

何らかの考えが私たちの心魂のなかにある、としましょう。机について考えている、としましょう。その考えから発する流れがアストラル界の存在のところに到るのを、明視者は目にします。どの思考・表象・感受も、そうです。心魂から発する生命の流れが、絶えずアストラル界のさまざまな存在に向かっていきます。

これらの流れのすべてがアストラル界の一つの存在に向かっていく、と思うのは誤りです。考えの一つ一つ、感受・感情の一つ一つから、さまざまな流れが発し、それらがアストラル界のさまざまな存在に向かっていきます。個人が一つの存在と結び付くのではありません。私たちはアストラル界のさまざまな存在に、さまざまな糸を紡ぎます。アストラル界には、地上と同じく、多数の存在が生きています。それらの存在が、さまざまな方法で、私たちと結び付いています。

この複雑なことがらを洞察しようとするなら、ほかのものごとも考慮しなくてはなりません。二人の人が稲妻を見て、まったく同様の感受を抱いたとしましょう。二人から一つの流れが出ていきます。二つの流れは、アストラル界の同一の存在に向かっていきます。アストラル界の一つの存在と、物質界の二人が結び付きます。五十人・百人・千人が同様の感受を抱くと、それらの感受はアストラル界の一つの存在に向かって流れていきます。千人の人間が一つの点で一致すると、アストラル界の同一の存在と結び付きます。

これらの人々は、ある点では同じ感受を抱きながら、ほかの点では、さまざまな感受・感情・思考を内に担っています。そのために、その他のアストラル界の存在たちとも結び付いています。こうして、じつにさまざまな縄がアストラル界から物質界に結ばれます。

アストラル界の存在たち

さて、アストラル界の存在たちの階級を区分することができます。例を挙げると、それらの階級について、容易に思い浮かべることができます。ヨーロッパに大勢の人間がいます。これらの人々の心魂のなかから、権利の概念・理念を取り上げてみましょう。

普段、人々はさまざまな体験をし、アストラル界の存在たちと複雑に結び付いています。しかし、これらの人々は権利の概念について同じ考えを持つことによって、アストラル界の同一の存在に結び付きます。そのアストラル界の存在が中心点になって、そこから人々に流れが発しているように見えます。これらの人々は、権利の概念を思い浮かべるたびに、そのアストラル界の存在に結び付きます。

人間は肉と血からできています。同じように、その存在は権利の概念からできています。その存在は権利の概念のなかに生きています。また、勇気・好意・勇敢・復讐などの概念のアストラル的な存在が実在します。人間のなかの特性、心魂の内容に相応する存在がアストラル界に活動しているのです。そうして、多数の人々にアストラル的な網が広がっています。同じ権利の概念を持つ者たちは、一つのアストラル的存在の身体のなかに嵌《は》まり込んでいます。その存在を「権利存在」と名付けることができます。勇気・勇敢さなどについて同じ概念を持つ者たちは、アストラル界の同じ存在と結び付きます。その存在の実質は、権利・勇気・勇敢などです。

そうして、私たち個人個人が、それらの流れの集積したものなのです。あらゆる方向から、アストラル的な存在たちが人間の身体のなかに流れを送り込んでいます。私たちはみな、アストラル界から来るさまざまな流れが合流した者なのです。

人間

人間はこのような流れが合流した者です。それらの流れは人間のなかで、個我の中心点に集中しています。これらの流れのすべてを、自己意識の存在する中心点に統合することが、人間の心魂のいとなみにとって最も重要なことです。この自己意識は、内的な人間の本質の支配者です。ですから、重要なのです。この支配者は、あらゆる方向から人間のなかに流れ込む、さまざまな流れを結び付けます。

自己意識が薄れたら、人間は自分をまとまりのある存在とは感じられなくなります。勇気・

勇敢さなど、あらゆる概念がばらばらになります。そうして人間は、自分がまとまりのある存在だと感じられなくなります。自分がさまざまな流れに分かれるように感じます。自分のなかに流れ込んでくるものに対する支配力を失う可能性があります。

人間は今までの人生において多くのことを体験し、若いころからたくさんの理想を抱いてきました。それらの理想は、みなさんのなかで発展してきました。そのような理想の一つ一つは、人によって異なっています。みなさんは、勇気・勇敢・好意などの理想を持っています。そうして、みなさんはさまざまなアストラル的存在の流れのなかに入っていきます。別の方法でも、人間はさまざまなアストラル的存在の流れのなかに入っていくことができます。

ある人が人生のなかで、多くの友情を持ったとしましょう。これらの友情の影響下に、特に若いころに、一定の感情・感受が発展しました。そうして、流れがアストラル界の一定の存在に向かっていきました。それから、新しい友情が生まれます。そうして、その人はアストラル界の別の存在と結び付きました。

さて、心魂が病んで、さまざまな流れに対する支配力を個我が失い、それらの流れをもはやまとめられなくなったとしましょう。その人は、自分をもはや一個の自我、完結した存在、まとまった自己意識を持つ存在とは感じなくなります。心魂の病的な経過をとおして個我を失うと、自分を知覚しなくなります。それらの流れの一つ一つのなかに自分が流れ出るように感じます。ここから、ある種の狂気が発します。アストラル界の観点から考察すると、フリードリヒ・ニーチェ[注1]における特別に悲劇的な狂気を説明できます。

（注1）フリードリヒ・ニーチェ　Friedrich Wilhelm Nietzsche（一八四四―一九〇〇年）ドイツの哲学者。著書に『悲劇の誕生』『ツァラトゥストラはこう語った』など。『シュタイナー用語辞典』参照。

ニーチェ

一八八八年から八九年にかけての冬、フリードリヒ・ニーチェは精神病になりました。彼の晩年の手紙を読むと、いかに彼が分裂したかが分かります。個我を失ったときに、彼はさまざまな流れに分裂しました。彼はいろんな友人に向けて、また自分に向けて、つぎのように書いています。「トリノに神が生きている。その神はかつて、バーゼルの哲学教授だった。しかし彼は、その職にとどまるほど利己主義的ではなかったのだ」[注1]。彼は個我を失い、つぎのように書いています。「ディオニュソス神がポー川のほとりを歩いている」[注2]。

そして彼は、自分より下方にある理想と友人たちを見下ろします。あるときはカルロ・アルベルト王[注3]、あるときは別人になりました。死のまえの数日間は、自分が読んだ記事に出てくる犯罪者になっていました。当時、センセーションを巻き起こした殺人事件が二つありました。

ニーチェは死の床で、自分とその殺人者を同一視したのです。彼は自分の個我を感じるのではなく、アストラル界に行く流れを感じました。普通なら自己意識の中心によってまとめられているものが、このような異常な場合に、人生の表面に現われてきます。

心魂の基盤に何があるかを知ることが必要になってきます。そのような多くの流れをアストラル界のなかに作ることができないと、人間は非常に哀れな存在です。そして、精神的な深まりをとおして、それらの流れの支配者になれないと、非常に偏った存在になるでしょう。ですから、「私たちは皮膚のなかに限定されているのではない。私たちは、いたるところで別世界のなかに聳え立っている。そして別の存在たちが、物質界のなかに進入している。存在たちの網が、アストラル界の上に紡がれている」と、私たちは思うにちがいありません。

(注1) トリノに神が生きている……。　一八八九年一月六日付けの、ヤコブ・ブルクハルト宛のニーチェの書簡(ブルクハルトは、スイスの文化史家)。

(注2) ディオニュソス神がポー川のほとりを歩いている。　ニーチェ著『この人を見よ』のなかの一文(ディオニュソスは、古代ギリシアの酒神。ポー川は、モンテ・ヴィゾからロンバルディア平原南方を通ってアドリア海に注ぐイタリア北部の大河)。

(注3) カルロ・アルベルト王　Carlo Alberto di Savoia-Carignano(一七九八―一八四九年)サルジニア国王。イタリア解放のための対オーストリア戦争に敗れ、ポルトガルに亡命した。

アストラル界の法則

私たちと関係を持つ、これらの存在を、もっと詳しく考察してみましょう。これらの存在について、「アストラル界が私たちを取り囲んでいる」と、表現することができます。たとえば、勇気の概念・感受に関わる存在のことを考えてみましょう。その存在は触手をあらゆる方向に伸ばしています。その触手は人間の心魂のなかに入ってきます。人間が勇気を発展させることによって、この「勇気存在」と人間の心魂との結び付きが作られます。不安の感情、愛の感情を発展させる人々は、アストラル界のほかの存在と結び付きます。

私たちがこれらの存在に関わると、アストラル界の社会組織というべきものに到ります。物質界に生きる人間は、単に個々の存在なのではありません。私たちは物質界でも、何百・何千の結び付きのなかにいます。私たちはたがいに、法的な結び付きや、友情などのなかにいます。私たちの理念・概念・表象などによって、物質界における結び付きは調整されます。これらのアストラル界の存在たちとの社会的な結び付きも整えられます。

これらの存在は、どのように、たがいに生きているのでしょう。これらの存在は、人間のような肉と血からなる固い身体を持っていません。アストラル体を持っている存在であり、濃密でも、せいぜいエーテル存在です。触覚を私たちの世界のなかに伸ばしています。しかし、これらの存在はどのように、ともに生きているのでしょう。もし、これらの存在が協同していなかったら、人間の生活はまったく異なったものだったでしょう。

物質界は根本的に、アストラル界で起こっていることの外的な表現でしかありません。アストラル界に「権利存在」が鎮座・躍動しています。権利に関する思考すべてが、この存在に向かっていきます。別の存在には、贈与に関する思考が向かっていきます。そうすると、私たちの心魂のなかに、「贈与は権利だ」という考えが発生します。そのとき、両方の存在から私たちの心魂のなかに流れが入ってきます。私たちは、この両者と結び付きます。これらの存在は、たがいにどのように調和しているのでしょうか。

アストラル界における社会生活は物質界の生活と似ているのだろう、と思い込みがちです。しかし、アストラル界の共同生活は、物質界における協同と根本的に異なっています。「物質界に似たことが高次世界で生じている」と言う人は、高次世界を正しく叙述していません。物質界と高次世界には大きな差異があります。私たちが上昇するにしたがって、その差異は大きくなります。

アストラル界には、物質界にない特徴が存在します。アストラル界の質料には、浸透性・透過性があります。物質界では、だれかが立っている場所に、みなさんが立つことは不可能です。物質界には、不透過性という法則があるわけです。アストラル界では、そうではなく、透過性という法則があります。複数の存在が浸透し合い、ほかの存在がすでに場を占めている空間に入っていけるのが、アストラル界の法則です。アストラル界の同じ場所に、二百・四百の存在が共存できます。

この結果、アストラル界における共同生活の論理は、物質界におけるものとは異なります。アストラル界の論理は、物質界の論理とはまったく異なっています。思考の論理ではなく、行為の論理、共同生活の論理です。明らかにするために、例を挙げましょう。

二つの建物

ある町が教会を建てようと決めた、としましょう。この町の賢明な評議会が、どのように教会を建てるか、そのためにはどんな設備が必要かを忠告します。

その町に二つの党派があるとしましょう。一つの党派が推す建築場所・設計家と、もう一つの党派の推す建築場所・設計家が異なります。物質界では、この二つの党派双方の意向を実現することはできません。建設に取りかかるまえに、一方の党派が勝利を収め、どんな教会にするか、主導権を握らねばなりません。

何かを実行するまえに、そのような審議会が開かれ、議論に多くの時間が割かれるのが、人間社会の通例です。何を行なうか、意見が一致しなくてはなりません。多くの場合、多数派の党派が主導権を握らないと、何も実行できません。しかし、少数派の党派は「私たちは間違っていた」とは言わず、自分たちが正しいと思いつづけます。

物質界では、決断しなくてはならないことについて議論されます。同じ場所に二つの建物を作ることは不可能だからです。アストラル界では、まったく異なっています。同じ場所に教会を二つ建設することが可能なのです。このようなことが、アストラル界では絶えず生じています。アストラル界では、物質界におけるような論争が行なわれません。会議を開いて、多数意見を採用したりしません。アストラル界では、そのような必要はありません。

地上では、四五人からなる評議会のうち、四〇人が同じ意見を持ち、その他は別の意見を持ちます。二つの党派が同席して、相手の意見を抹殺しようとします。しかし、どちらの党派も、他方の意見を考慮せずに、すぐに自分たちの教会を立てようとはしません。

アストラル界では、異なっています。何かを考えると、その思考は、すでに存在するものと関係を持ちます。アストラル界の存在たちが何かを思考すると、その思考の形態を有した触手が伸びていきます。そして、ほかの存在が触手を伸ばします。双方が浸透しあいます。そして、同じ空間に新たな存在が形成されます。

そのように、さまざまな意見・思考・感受が、絶えず浸透しあいます。さまざまに対立するものが、アストラル界では浸透しあえるのです。物質界で矛盾があると、アストラル界では抗争が生じます。アストラル界の存在は、思考を自分のなかにとどめておけないので、思考がすぐに行為になり、思考の対象がすぐに存在します。

アストラル界では、物質界におけるような教会は建てられません。しかし、あるアストラル界の存在が何かを実現しようとし、別の存在がそれを妨げようとした、としてみましょう。アストラル界では、議論はされません。「適切なものが示されるにちがいない」というのが、アストラル界の原則です。同じ場所にある、双方の触手が戦いはじめます。実り多いほうの理念、つまり正しい理念が他方を滅して、通用・存続します。

アストラル界では、さまざまな意見・考え・感受が絶えず抗争しています。アストラル界では、各々の意見が行為になります。人間は争いません。意見どうしが戦うのです。そうすると、実り多いほうの意見が他の意見を追い払います。アストラル界のほうが、物質界よりずっと危険な世界です。アストラル界の危険について語られることの多くは、いま述べたことに関連します。アストラル界では、すべてが行為になるのです。アストラル界では、意見は議論されず、戦わねばなりません。

寛容

今日の人間は、単なる物質界の意識に慣れています。物質界の性格・特徴に慣れています。

意見がぶつかると、自分と意見が異なる者を滅亡させようとしたり、愚か者だと見なしたりします。

アストラル界では、そうではありません。アストラル界の存在は、「私は他の意見を気にしない」と言います。そこには、絶対的な寛容さが支配しているのです。ある意見が実り豊かだと、他の意見は追い払われます。ほかの意見も自分の意見のように存続させます。意見自体が戦って、正しく調整されるからです。

精神世界に精通していくには、精神世界の慣習に則る必要があります。精神世界の最初の部分はアストラル界で、いま述べたような慣習が支配しています。精神世界に順応しようとする人は、精神世界の存在たちの習慣を取り入れねばなりません。それは正しいことです。物質界は精神世界の模像となっていくべきです。そして、「物質界におけるいとなみが、アストラル界におけるいとなみのように生じるべきだ」と目指すなら、私たちは地上に調和をもたらすことができます。

私たちは同じ場所に教会を二つ建てることはできません。しかし、意見が異なるとき、どちらが実り多いか、意見を浸透させ合うことができます。最も実り多い意見が、アストラル界におけるように、勝利を収めます。

精神的な流れを通って、アストラル界の特性が物質界に達します。「物質界にアストラル界の模像を作る」のが、精神科学運動の教育的課題です。物質界しか知らない人、一つの意見のみが通用し、その他は愚かだとしか思えない人にとってはショッキングでしょう。精神的な世界観を持つ人にとっては、完全な内的寛容さがさまざまな意見を貫くのは自明のことです。説教で説かれるような寛容さではありません。高次世界の慣習を自然に身につけていくことによって、本当の寛容さが私たちの心魂のなかに広がっていきます。

いま述べた浸透性は、アストラル界の非常に重要な特性です。アストラル界の存在は、私たちが物質界で知るような真理概念を発展させません。アストラル界の存在は、物質界における論争を不毛だと思います。「実りあるもののみが真実だ[注1]」というゲーテの言葉が、アストラル界の存在にも通用します。

理論的な熟慮によって真理を知ろうとしてはなりません。実り豊かさ、有効さをとおして真理を知るのです。アストラル界の存在は、人間のように争うことが一度もありません。アストラル界の存在は、「君は君のことを行なえ。私は私のことを行なう。どの理念が実り多く、どの理念が他の理念を追い出すか、明らかになるだろう」と、言います。

このような思考方法を身につけると、すでに私たちは実践的な知識をいくらか得たことになります。精神世界への発展は、騒然とした形でなされるのではありません。精神的な発展は内的で密やかな方法で行なわれるものです。

このことに気を付けて、いま述べたアストラル界の特徴を身につけることができます。そして、アストラル存在が有するような感情を、自分の感情の見本とするに到ります。アストラル界の性格に倣《なら》うと、精神的存在へと高まっていけます。このようにして、精神存在の生命が私たちに現われてきます。それが実り多いものなのです。
（注1）実りあるもののみが真実だ　ゲーテの詩「遺言」のなかの一節。

神界

アストラル界の存在の特徴について語りました。アストラル界は、より高次の世界つまり神界とは非常に異なっている、ということに注意しなくてはなりません。物質界が存在しているところに、アストラル界も存在しています。アストラル界は物質界に浸透しています。いままで述べたことすべてが、私たちの周囲、つまり物質的存在が見出されるのと同じ空間のなかにあります。そこには、神界もあります。私たちは神界を、アストラル界とは異なった意識状態で体験します。

さて、「ここは物質界で、アストラル界や神界に浸透されている」と、安易に信じられるかもしれません。そう簡単ではありません。高次世界を正確に叙述しようとするなら、アストラル界と神界には区別がある、ということを明らかにしなくてはなりません。物質界に浸透しているアストラル界のなかに、私たちは生きています。

アストラル界は二重の世界であり、神界は一様な世界です。いわば、二つのアストラル界があるのです。一方は善のアストラル界、他方は悪のアストラル界です。神界について、このように際立った区別をすることは正しくありません。

世界を上から下に考察するなら、「まず上位の神界、それから下位神界、そしてアストラル界、それから物質界」と、言わねばなりません。こう言っただけでは、私たちはまだ世界全体を考察していません。物質界よりも低い世界を考察しなければなりません。物質界の下に、下方のアストラル界があります。善のアストラル界は、物質界の上にあります。悪のアストラル界は、物質界の下にあります。悪のアストラル界も、物質界に浸透しています。

さまざまな流れが、アストラル界の存在たちに向かっています。人間の善良な特性、邪悪な特性がアストラル的な存在たちへと発しているのを、私たちは識別しなくてはなりません。善良な流れはアストラル界の善い存在に行き、邪悪な流れは悪い存在に行きます。アストラル界の善い存在と悪い存在すべてを取り上げると、二つのアストラル界があることになります。神界を考察すると、アストラル界と同じではないことが分かります。アストラル界には二つの世界が入り込んでおり、たがいに浸透しあっています。この二つの世界が同等に、人間に関係を持っています。この二つは何よりも、その発生の仕方が異なっています。

地球進化を振り返ってみると、地球が太陽・月とまだ関連していた時代に到ります。のちには、つまり古い月時代(注1)には、地球は月と一体をなしており、太陽は外にありました。当時、つまり地球が現在の地球になる前に、すでにアストラル界が一つありました。このアストラル界は、妨害なしに進化していたなら、善いアストラル界になっていたことでしょう。しかし、月が地球から分離したことによって、一般的なアストラル界に悪しきアストラル界が組み込まれました。

いまや、アストラル界に悪しきアストラル界が組み込まれた状態にあるのです。未来には、神界にも悪しき神界が組み込まれることになるでしょう。

差し当たって、二つのアストラル界があることを、心にとめておきましょう。一方のアストラル界には、人間の進歩にとって実り豊かな流れが入っていきます。他方のアストラル界には、人間の進化を妨げる流れが入っていきます。こちらのアストラル界に、欲界が属しています。双方のアストラル界にいる存在たちが、私たちに影響をおよぼしています。

(注1) 月時代　シュタイナーの宇宙史観において、いまの太陽系(地球時代)に先行する時期。太陽系は土星時代・太陽時代・月時代を経て現在の地球時代に到っている、とシュタイナーは考えている。『シュタイナー用語辞典』参照。

心の世界の段階

世界の知覚

「神智学的な世界観は直接的な感覚界の作用から発するのではない。空想的・幻想的な領域に導くものだ」と、敵対者はしばしば主張します。そのような主張を、私は退けてきました。しかし特に今日、人間が死と再誕のあいだに通過する世界を取り扱うと、「神智学は空想的・幻想的だ」と言われます。神智学的な世界観の敵対者は、私がこのような領域について述べることを「架空の話。まったくの空想だ」と、安易に思いがちです。

それでも、感覚界を越えた世界、超感覚的領域で事物の本質に深いまなざしを向けることのできる者は、本来の存在、あらゆる存在の本来の根拠を認識します。蒸気の本質を知らない人は、蒸気機関を組み立てることができません。同様に、心魂と精神の本質を知らない者が、私たちの感覚器官に映じるものを理解・説明することはできません。物質の原因は超感覚的・超物質的なもののなかにあります。

私たちは高次の領域に上ぼることができます。私たちはこの世で活動するために、超感覚的な存在を把握しようとします。私たちは超感覚的なものの本質を知って、それを感覚界のなかに持ち込まねばなりません。このことは強調しなくてはなりません。感覚的に観察すれば、心魂・精神が身体から離れると、人間は死にます。死ののち、新たな受肉に向かう時期の人間の運命については、目も耳も解明できません。

死と再誕のあいだの運命を考察しましょう。そのために、私たちは人間存在の二つの領域に取り組もうと思います。その二つの領域は、太陽や月、地上のあらゆる存在のように、私たちの生命に属しています。

単に物質的な感覚を備えた人間は、高次の世界について何も知りません。高次の世界のなかに生きているのですが、ある世界のなかに生きていることと、それについて知っているのとは、まったく別のことがらです。ドイツの哲学者ロッツェ(注1)ならびに詩人・哲学者ハマーリング(注1)は、「人間に目と耳がなかったら、世界は沈黙した闇であったろう」と、繰り返し述べています。私たちが感覚器官を持っていることによってのみ、世界はさまざまな色彩に輝き、さまざまな音で響きます。「私たちは世界を、自分の感覚器官が知覚するぶんだけ知ることができる」と、言わねばなりません。

（注1）ロッツェ　Rudolph Hermann Lotze（一八一七—一八八一年）ドイツの哲学者。自然科学と観念論の世界観を融和させた形而上学を作り、新カント派の先駆者となった。自然の経過を、神が善を実現する手段と見た。
（注2）ハマーリング　Robert Hamerling（一八三〇—一八八九年）オーストリアの詩人。

心魂世界の現象

興味深い本が出版されました。その本はヘレン・ケラー（注1）の心魂のいとなみを物語っています。彼女は一歳半で聾唖で盲目になりながら、視野の広い天才的な心魂の生活を送りました。色彩に輝き、音の響く世界が、ヘレン・ケラーにはどのように現われるか、思い浮かべてみましょう。そして、盲目に生まれついた人が目を手術し、以前は色も光もなかった世界が輝きはじめ、豊かになるのを思い描きましょう。

そうすると、感覚的な観照から霊的な観照へと目覚めた人をイメージできます。暗闇から明るみに出てきたようなものです。

通常の世界の上に、心魂の世界があります。精神の目が開かれた人にとって、その世界は現実です。心魂の世界は、神智学ではアストラル界と呼ばれます。多くの人がアストラル界という表現に反対します。中世的な先入観だ、と思うからです。心魂を見ることのできる人々が、この世界をアストラル界と名付けたことには意味があります。色や音が物質的な感覚に知覚されるのと同じく、アストラル界においては、欲望・本能・情熱・衝動・願望・感情が現実のものとして現われてきます。人間は自分が見るもの、聞くものを消化します。人間は願望・情熱を持ち、感情を持っています。人間は、物質界に生きているように、情熱・衝動・欲望・感情・願望の世界のなかにも生きています。

他者に向かい合うと、肉眼にはその人の物質的特徴が映ります。同様に、霊的な目が開かれると、心魂的な特性が見えるようになります。物質的な感覚によって、電気と光、光と熱を区別できます。心魂の目が開かれると、他者の心魂のなかにある衝動・欲望、愛・帰依の感情、宗教的敬虔《けいけん》の感情を区別できます。熱と光が異なっているように、愛と宗教的敬虔は心魂の世界では異なっています。心魂の目には、これらの特性が色彩現象のように映ります。その色彩が星《アステル》、星々《アストラ》のように響くので、アストラル界と名付けられたのです。

（注1）ヘレン・ケラー　Helen A. Keller（一八八〇—一九六八年）アメリカの教育家。二歳のときに盲聾唖となったが、学業を修め、福祉事業に尽くした。

心魂の成熟度

ここで私は、秘教的な表象のいくつかを挿入しなくてはなりません。それらの表象によって、私たちは超感覚的なものを理解できます。そのような表象は、精神的・心魂的な感覚器官が開かれた人にのみ現われます。何も隠されてはいません。願望・欲望・情熱は、心魂的な器官の開かれていない人にとってのみ隠されています。私たちは心魂的器官によって、心魂界の特性を認識できます。

個人個人に人相があるように、各人が心魂的な人相を持っています。そして各人は、物質的身体を有しているように、心魂的な光に輝く身体を有しています。その身体は物質的身体よりも大きなものです。その身体は光の雲のように、物質的身体を包んでいます。

その光の雲は、さまざまな色彩に輝き、また、ほのかに光ります。思考と理念に関係する特性は輝きます。その他は、かすかに光るだけです。通常の目には見えない、この光の雲、人間のオーラが、明視者には見えます。

オーラは、私が述べた心魂的な特性すべてを含んでいます。感覚的なものへの傾向・執着、感覚的なものへの欲望と、無私の献身、愛の感情、宗教的敬虔の感情とのあいだには、はっきりと区別があります。低次の本能に由来する感情、物質的生活に関連する感情がオーラを貫くと、稲妻その他さまざまな形で、血のような赤、赤みがかったオレンジ色、赤みがかった黄色が心魂のなかを流れます。反対に、高貴な感情、高貴な情熱、感激、敬虔、愛に関連するものは、非常に美しく輝く緑がかった青、青みがかったスミレ色、スミレ色がかった赤で、人間のオーラのなかに現われます。

このように、人間の心魂は、一方では物質的なものに向かい、物質的なものを欲し、物質的なものにしがみつきます。他方、それとは対極的に、人間の心魂は高貴さへと高まり、高貴さに貫かれて燃え立ちます。心魂のいとなみは、この二つの特性に分けられます。緑・青・スミレ色のなかに生きる人は、何度も輪廻転生して、この高貴な特性を獲得しました。

初め、心魂は低次の特性・衝動・情熱・本能を備えています。それらが心魂には必要でした。神秘哲学で「感覚への欲求」と呼ばれるものを持たなかったら、心魂は感覚界で行動できなかったでしょう。人間は感覚界で活動します。財産を手に入れ、感覚界の物質的身体によって、生活に役立つ道具を作ります。それは、人間が感覚的な生活への欲望を持っているからです。人間が輪廻を開始したころ、この欲求はまだ未発達な心魂を駆り立てる唯一の原則でした。この欲求によって、若い心魂は活動したのです。輪廻転生していくうちに、心魂は単に欲望からではなく、認識・献身・愛から働くようになっていきました。

このように心魂は、いくつもの人生をとおして、欲求から愛へと進歩していきます。「欲求から愛へ」というのが、心魂がたどる道です。欲求する心魂は、身体的・感覚的なものに固着します。愛する心魂は、精神に浸透され、精神に従い、精神の命令を果たします。これが、心魂の年輪における相違です。若い心魂は欲望し、成熟した心魂は愛します。愛するというのは、自分のなかで精神を活動させることです。
心魂界つまりアストラル界で、人間の心魂体（注1）がさまざまな特性に輝くのを、私たちは見ます。そうして私たちは、心魂の成熟度を区別できます。心魂体の特性は、感覚的なものへの没頭か、精神への帰依かに由来します。その特性を、私たちは観察します。

（注1）心魂体　アストラル体のこと。『シュタイナー用語辞典』参照。

死

さて、本来「死ぬ」とは何かを理解しましょう。いま獲得した概念によって、死という概念・表象を理解しようと試みましょう。人間が死ぬと、最初に何が生じるでしょうか。生前、物質的身体のなかで物質的法則だけでなく、心魂的法則に従ったものが、身体の死後、独自の道を行きます。

心魂を波打つ感情にしたがって、手は動きました。心魂のなかの精神的特性に担われて、目は世界を見ました。心魂が与えた形態にしたがって、顔の表情は変わりました。死後、人体は物質的な力と化学的な力から組成されています。そうであるかぎり、心魂的な衝動に従わず、世界の物理的な力に従います。その身体は外的な物質界に属します。物質的身体のみに目を向ける人は、生前は身体を支配した心魂・精神が消え去ったのかどうか、分かりません。いまや心魂・精神は、明視的な目にのみ映ります。

人間はこの人生において、高次の領域を見るための目を開くことができます。死後の精神の運命は、超感覚的な観点からのみ理解されます。自然科学にのみ関わっている人は、精神的なものを取り扱うことができません。生前、人間は生理学的・化学的な力を備えていました。死後は、その力を支配できません。死者の「体」は心魂体のみです。人間のなかに生きる願望・欲望・情熱、愛・感激・敬虔は物質的・化学的な法則に結び付いていません。これらは人間の内面に生きています。

心魂は以前存在したように、死後も存在します。ただ死後は、身体に混ざらずに存在します。人間は地上生活のあいだ、精神・心魂・身体から成り立っています。死後は、精神・心魂から成り立っています。そして、物質界で人生を送ったように、死後は高次世界、心魂界・精神界で存在します。人間は心魂界と精神界に滞在し、通過していきます。

欲望の炎

この両世界を、もっと詳しく考察しましょう。物質界と同じく、アストラル界とメンタル界(注1)を考察することができます。熱・電気・磁気など、さまざまな自然の力が物質界にあります。同様に、アストラル界・メンタル界にもさまざまな力が存在します。それらは一定の領域に区分けされています。それらの領域を、私たちは知らねばなりません。そうすることによってのみ、私たちは死後の心魂の運命を洞察できるからです。

最も低い心魂的特性の領域は、本来の欲望の世界です。神秘学者は「欲望の炎の世界」と呼びます。心魂が身体的欲望に傾斜することによって、この世界は心魂自身の内で作られます。物質を切望する心魂の感情が、この欲望の世界のなかで表現されます。欲望の炎は、心魂のいとなみの最も低い形態です。ですから、神秘主義で「欲望の燃える炎」とも呼ばれます。

欲望の炎と関連する心魂の特性を考察すると、身体内の生活と身体のない生活との違いが説明できます。身体のなかにある心魂にとって、欲望とは何でしょう。物質的対象、物質的満足を心魂は要求します。充電した針先から電流が流れ出るように、心魂から流れ出る欲望の炎は、欲望が満足されると、色を変えます。欲望が満たされると、すぐに流れが変わります。欲望の炎は燃え尽きます。欲望が満たされると、水で炎が消されたように、心魂の探究者・観察者には見えます。欲望が満たされて炎が消えるのは、人間が身体を持っているからです。

感覚的な欲望は、感覚的にしか満足されません。美味を欲する口蓋があります。しかし、口蓋がなくなった瞬間、欲望を満足させることは不可能になります。心魂は感情・感覚界に執着していいます。欲望が満足させられるのは、心魂が身体と結び付いているあいだだけです。

心魂が身体から離れた瞬間、欲望を満足させることは不可能になります。これが、心魂が欲界で通過する状態です。そこから解放されるためには、欲望が存在しながら、心魂の満足が不可能な状態に注目しなければなりません。そうすると、心魂は次第に欲望を捨て去ることを学びます。死と再誕のあいだに起こることについて概念を形成しようとするなら、この表象を獲得しなければなりません。さらなる経過は、心魂界と精神界に正確なまなざしを向けるときに知ることになります。

（注1）メンタル界　世界を物質界・心魂界・精神界に分類するときの精神界のこと。

心魂世界の諸領域

死と再誕のあいだの運命について述べるまえに、超感覚的世界のなかで見出される心魂の質と経過について、正確に知りましょう。最初の領域は欲望でした。二番目は心魂的刺激です。これは直接的な欲望ではありません。刺激は、私たちを取り囲む感覚的なものに関連していま す。感覚界の事物への献身の喜びという刺激は、高貴な色で表現されます。その刺激は、私たちを取り巻く色彩、私たちが体験する形態、私たちが感じる香りへと、感情を高めます。感覚的なものへの献身、周囲の世界における感覚器官をとおしての活動を、私たちは「心魂的な刺激の力」と呼びます。

心魂のいとなみのさらなる領域は、「願望の領域」です。願望とは、心魂が周囲にあるものに対して共感を感じることです。その感情を願望というかたちで、周囲の対象に向けます。もはや心魂は、単に感覚をとおして感覚界のなかに生きるのではありません。心魂はこの周囲の世界に面して、自らを愛の感情で満たします。しかし、この愛はまだまったく利己心・利己主義に満ちています。まだ利己主義に満ちている心魂の愛を、神智学では「心魂的願望の本来の特性」「願望の世界の本来の特性」と呼びます。願望の世界が、心魂の体験の第三の領域です。

第四領域では、もはや心魂は周囲の何かに向かっていません。自らの身体のなかに生きているものに、この心魂は向かいます。自分の身体の安泰・痛み、快感・不快感に、感情が向けられます。自らのなかでの、感情の内的な波、自己快楽・存在享楽を、私たちは心魂の力の第四領域と見なします。

心魂の力の第五領域は、欲求の世界を越え、共感をとおして自らを注ぎ出す心魂の世界です。いままでの領域は、すべて欲求に結び付いていました。心魂は事物を自らに関係づけていました。

いま私たちは、心魂が本質を放射し、周囲の存在に共感を持つのを知ります。この共感に二つの種類があります。まず自然への愛、そして人々への愛に、私たちは関わります。この心魂の力を、私たちは心魂の第五領域と見なし、「心魂の光」と呼びます。太陽が物質的な光を放射するように、心魂は世界に共感を抱くとき、光を放射します。心魂は世界を包み込むとき、心魂の愛の光を放ちます。これは、物質を知覚する感覚しか持たない人にとっては、幻覚に思われます。しかし、精神の目と精神の耳を持つ人にとって、これは周囲の机や壁よりも、物質的な炎の光よりも、ずっと現実的なものです。

心魂の第六領域は、神秘学者が「本来の心魂の力」と名付けるものです。心魂は世界における課題に熱中し、愛に満ちて義務に帰依します。この領域の心魂は素晴らしいスミレ色、青紫色に輝きます。この段階に到ると、人間は精神の光を形成し、その光が人間の活動の動機と衝動を心魂から取り出します。この種の心魂は、特に博愛家が発展させます。この感情が、物質界における人間の心魂の偉大な献身的行為に伴います。これが、第六領域の体験です。

第七領域、最高の領域で体験されるのは、本来の心魂の精神的生命の力です。心魂はもはや、感情を単なる感覚的なものに関連させません。精神の光を自分のなかに輝き入らせます。心魂は、単なる感覚界において得ることのできるものよりも高い課題に目を向けます。心魂の愛は、精神的な愛へと高まっていきます。そこに、心魂の精神的生命が存在します。スピノザ（注1）は有名な『エチカ』の最後のところで、この精神的な愛について「最高のものが心魂のなかに注ぎ込み、神の輝きとして放射される」と述べています。

（注1）スピノザ　Baruch de Spinoza（一六三二―一六七七年）オランダのユダヤ系哲学者。デカルトの影響から出発し、汎神論的一元論に到った。『シュタイナー用語辞典』参照。

心魂の成長

私たちは人間の心魂を観察して、利己的な欲望から精神的な愛まで追っていきました。目の開けた者は、この精神の七段階を、世界のいたるところに見ます。世界はさまざまな色彩に輝き、さまざまな音で響いているだけではありません。願望・欲望・情熱の世界でも光り輝き、愛の作用の世界でも光り輝いています。すべてが現実です。

心魂は地上から去ると、外的な感覚界とは異なった、ほかの舞台に移ります。外的な感覚界は、目や耳その他の感覚に知覚できるもののみを提供します。感覚的なものは心魂的なものを、人間の器官から覆い隠します。心魂的なものは感覚的なものをとおして表現されるからです。このように、心魂的なものは感覚的なものをとおして現われます。言語をとおして心魂は聞き、触覚をとおして感じます。精神のまなざしは、もっと遠くまで達します。心魂的な事実をあらわな、剥《む》き出しのかたちで見るのです。

心魂は感覚の舞台を去ると、心魂界で生きます。心魂は、死後に通過する心魂界を体験します。そこは、あらゆる物質的・化学的な力から自由な世界、情熱・欲望・衝動の世界です。心魂はまず、その世界で形成できるものをすべて形成する必要があります。物質的な覆いなしに、自らに流れてくるもの、自らを貫くものに没頭します。心魂は、「欲望が満たされる可能性はない」と知ることによって、心魂界の特性に貫かれ、次第に浄化されます。そこで心魂は、物質的身体なしに生きることを学びます。心魂は、物質的な喜び・苦痛なしに、自己として存在することを学びます。物質的な安楽・不快なしに、自己として存在することを学びます。

そこでは最初、心魂は自らをもはや一個の自己とは感じません。身体に受肉した心魂は、身体のなかにあることによって、自らを自己と感じます。身体のなかにある心魂は、自分の身体のことを「私」と言います。死後、心魂は「私」と言おうとするとき、身体のなかに生きる可能性なしに、身体感を知ります。そして身体感を捨てて、心魂は自らを心魂として感じることを学びます。心魂として生きることを、人間は第四領域で学びます。人間はこの領域をしばしば通過するにしたがって、そして心魂の巡礼が長く続くにつれて、生まれ変わったときに、自分の身体だけでなく、自分の心魂をも「私」と言うことを学びます。自分を心魂的存在と感じるようになります。多くの輪廻を経てきた人と、わずかしか輪廻転生していない人とのあいだには相違があります。進化した人は、自分を心魂存在と感じます。

ついで人間は、「心魂の光」「心魂の力」「精神的心魂」と名付けた高次領域を知ります。人間はそのなかに生き、活動します。このアストラル領域の最高の部分を、神智学では「常夏の国」と呼びます。これは心魂が次第に共感圏へと移って行く領域です。周囲への純粋な愛、色彩への純粋な愛のなかに生きることを学ぶ領域です。

人間の心魂は死後、これらのさまざまな領域を通過していきます。そのときに、人間の最高の部分である精神は、願望・欲望・情念に満ちたアストラル的・心魂的なものをあとに残していきます。まだ感覚界に固執するものを、あとに残していきます。そして、心魂のうち精神に属するもの、精神が心魂のなかで発達させたものが、人間が感覚的なものへの傾斜・欲求を脱したあと、さらに生きていきます。

心魂世界の彼方

いまや心魂は、下方への力とまったく関わらない領域に入ります。精神が心魂に浸透しているので、心魂は神界、つまり本来の精神の国に入っていきます。心魂が精神の国で過ごす時間が、死後の人生の大部分を占めます。欲界における浄化の時間は、比較的短いものです。そのち神界で、地上世界・物質世界における経験をとおして心魂が獲得したものすべてが、自由で妨げのない生活に達します。そのために、心魂はこの物質的な感覚界において、愛に満ちて作用できます。しかし、物質的・感覚的世界のなかで、精神が完全に表現されることはありません。私たちは誕生から死までのあいだ、絶えず経験を積みます。しかし、植物が岩の裂罅《れっか》に挟まれるように、これらの経験は締め付けられます。精神の国で、心魂は強くなり、力づけられます。

アストラル界は、まだ私たちを押さえ付けるものに思われます。アストラル界では、多くを脱ぎ捨てねばなりません。精神の国には、恐れがまったくありません。心魂に流れ込む精神を、単なる感覚的・物質的なものに結び付けるものは何もありません。精神が体験する運命、人間の本質を開示する運命を、私たちは神界での経験から知ることになります。

もう一つ、触れておくべきことがあります。アストラル界の個々の領域は、層をなして重なっているように思われがちです。そうではありません。それらの領域を、意識のさまざまな状態のように理解すべきです。人間がいる場所が変わるのではありません。意識の状態が変わるのです。心魂の国、精神の国は、周囲のいたるところに存在します。私たちのまわりのいたるところに、心魂界と精神界があります。

心魂が精神の目、精神の耳を用いることができるようになったとき、心魂界と精神界は色と光に輝きます。心魂から物質界全体が消え去ります。ヴェールを取り去ると、ヴェールの背後を見ることができます。同様に、心魂が感覚的な触覚・視覚・聴覚のヴェールを取り去ると、願望世界・欲望世界の経過・体験を見ることができます。別世界が心魂のまわりに広がります。いつも心魂の周囲にありながら体験されなかった世界が、いま体験されます。別の体験に、心魂は入っていきます。異なった場所、異なった領域に行くのではありません。自分の生活が変容するのです。

人間は人生の巡礼において、段階を追って進みます。そうして人間は、超感覚的なもののなかに感覚的なものの根拠を探さねばならない、ということを学びます。私たちが超感覚的な世界を認識しようとするのは、人間は単に感覚的な存在ではなく、心魂的・精神的な存在であるという意識をもって、ふたたび現実世界に入っていくためです。この意識を獲得すると、自分が感覚的な存在でしかないと思うときよりも、力強く、勇気に満ち、確実に世界のなかで働けます。これが、神智学的な世界観がもたらすものです。この世界観は人間を役立たずにするのではありません。人間を勤勉に、勇敢に、力強く、賢くします。人々を生活から引き離すのは、本当の神智学ではありません。超感覚的世界のなかに、感覚界の源泉・本質を探求すべきなので、私たちは超感覚的な認識を伝えようとしているのです。

本当の認識者・神秘学者は、いつも、そう語ってきました。また、霊感を受けた、あらゆる時代の各地の聖典のなかにも、そのように書かれています。東洋の素晴らしい、芸術的で完璧な聖典から、私たちに言葉が響いてきます。

『ウパニシャッド』(注1)の一文をもって、きょうの話を閉じたいと思います。その文章は、感覚的な有限のものが、いかに超感覚的な無限のものに関係しているかを正しく語っています。感覚的な有限のものが、いかに永遠に続くものから出現したか、いかに個々の火花が炎から発するかを、その文章は語っています。感覚的な火花が消え去っても、炎全体は持続しています。

個々の感覚的現象は永遠のものから発生し、また永遠のものに還っていきます。「燃え上がる炎から何千の火花が散っても、炎は同じものにとどまる。そのように、さまざまな存在が不滅のものから出現し、また不滅のもののなかに入っていく」と、『ウパニシャッド』には書かれています。

（注1）『ウパニシャッド』　古代インド哲学の奥義書。二百種以上が現存し、ここでシュタイナーが引用しているのは「ムンダカ・ウパニシャッド」の一節。

心のいとなみの隠れた深み

意識下のいとなみ

地震によって足下の地面が激しく動くと、たいていの人は恐怖・不安・おののきを感じます。説明できないもの、予期できないもの、未知のものに直面するからだけではありません。このおののきは、まだ振動が続いているときの人間の感受に由来します。震動がどこまで大きくなり、まだ何が未知の深みから生じるのだろう、と感じます。

通常の生活においても、あらゆる意識的な存在、あらゆる意識的な表象と感受に対して、心魂のいとなみの深みに安らうもの、ときおり地震のように私たちの隠れた心魂の深みから上ぼってくるものに面して、そのような感情を持つことがあります。衝動・欲望、説明できない気分・抑圧など、私たちの意識的な生活のなかに地震のように破壊的に介入するものに対して、「私の心魂の地下から、まだ何が上ぼってくるのか」と感じます。

意識のなかで生じる本来の表象のいとなみ、とりわけ、起きてから眠るまでのいとなみは、海上の波立ちのようなものです。その波立ちは、通常の知覚には知られていない深みから発するということに、すこしでも深く自分の存在のなかに突き進む人間は、すぐに気づきます。外的な経験科学の立場から、精神科学に反論する人々がいます。人間は単純な存在ではない、と精神科学は述べます。その証拠に、私たちは生活そのものをとおして、人間本性の複雑さに日々気づきます。

精神科学によると、人間は肉眼に映るもの、解剖学・生理学によって知覚・分析できるもの、科学的な方法で検証できるもののみから組み立てられているのではありません。外的に知覚でき、外的な科学が検証するもの、つまり人間の物質的身体が高次の超感覚的な部分に対峙する、と精神科学は考えます。感覚界においては探究不可能であり、明視的意識によってのみ到達可能な探究結果を、精神科学は観察します。そうすると、肉眼に映る物質的身体に、最も身近な超感覚的部分であるエーテル体すなわち生命的身体が対峙します。エーテル体という名称につまずかないでほしい、と思います。単なる名称として使用しているだけです。

精神科学は厳密な科学の土台に立って、人間の物質的身体のなかに、物質界のなかに存在する力と実質を見出します。その力と実質が、物質的周囲においてと同様、物質的身体のなかで活動しています。人間が死んだとき、この物質的な力と実質の本来の活動が物質的身体に現われます。一生のあいだに、人間が物質界で有する力と実質は、エーテル体＝生命的身体の高次の力に包まれています。エーテル体＝生命的身体は、物質的な力の崩壊に対して戦います。死の瞬間、エーテル体が人間の物質的身体から解き放たれると、すぐに物質的な力は崩壊しはじめます。物質的身体のほかに、人間の高次の「体《たい》」があるということは、人生のさまざまな経験から明らかになります。人間が物質的身体を有しており、その物質的身体にエーテル体＝生命的身体が組み込まれているかぎり、いたるところに人間の二重性が示されます。物質的身体は、物質的な周囲が有するものすべてを含んでいます。

意識と無意識

眠っている人間においては、意識が消え去っています。そのように、通常の生活のなかで意識が消え去ると、私たちの意識のなかで演じられるものすべてが、人間のなかに存在する活動と力に鋭く向かい合うということを、精神科学は明らかにします。朝、目覚めてから波打つ心魂のいとなみについて、「日中に生じる衝動・欲望・表象・理念すべてが、目覚めのときに発生し、眠るときに跡形なく消え去る」と主張するのは、論理的に不合理です。眠っている人を見ると、物質的身体と、物質的身体の活動を保つエーテル体＝生命的身体が、私たちのまえにあります。私たちはこれを、アストラル体と厳密に区別します。アストラル体は、意識現象の本来の担い手です。

しかし、心魂のいとなみを正しく理解しようとするなら、絶えず私たちの支配下にあるもの、つまり私たちの内的な思考のいとなみと意志決定によって支配できるものと、心魂の地下の深みから波立ってきて、私たちの心魂のいとなみに気質・色合い・性格を与えるものを区別しなくてはなりません。心魂の地下から波立ってくるものに対して、私たちは何もできません。それは、私たちの支配を受けません。

広い意味で、私たちの心魂のいとなみを満たすものすべてに関して、幼年期から老年期まで絶えず私たちのなかに生きるもの、私たちを才能のある人間にしたり、才能のない人間にするもの、善人・悪人にするもの、美的感情を持つ人間にしたり、美に対する感覚を持たない人間にするもの、私たちが悟性・感受・意志によって包括できると考えられないものを、それ以外の意識的な心魂のいとなみから区別しなくてはなりません。

ですから、精神科学は私たちの心魂のいとなみに関して、二つの部分を区別します。一つは「拡張された心魂のいとなみ」です。これは、現代ではもはや否定できないので、「意識下の心魂のいとなみ」と言われるようになっています。もう一つは、私たちの意識的な心魂のいとなみです。私たちが、思考・意志・好みによって支配するものです。

記憶について

人生を考察するためには、人間を四部分に区分する必要があります。人間の四部分は、経験から明らかになります。人生が提供するものを、とらわれなく多面的に受け入れると、精神科学が述べることの証拠を、いたるところに見出せます。エーテル体＝生命的身体は、人体を内的に貫いて、心魂のいとなみを担う組織を作るだけではありません。私たちはエーテル体のなかに、編成する力のみを見出すのではありません。

私たちの記憶すべてがエーテル体に固着しています。記憶の担い手となるのは、アストラル体ではなく、エーテル体です。エーテル体は私たちの心魂のいとなみに近いものではなく、物質的身体と結合しています。通常の生活において、エーテル体は物質的身体と強く結び付いています。通常の生活を送っている人間が、睡眠時のように無意識状態に陥って、個我とアストラル体が外に出たときも、エーテル体は物質的身体のもとにとどまっています。記憶はエーテル体に基づいています。

私たちが自分のなかに担っていながら、常に意識のなかには現存しておらず、心魂のいとなみの隠れた深みから取り出さねばならないものは、すべて私たちの物質的身体の基盤となっているエーテル体のなかに探さねばなりません。記憶の担い手であるエーテル体が、物質的身体に対峙すると考えることができるなら、通常の生活においてエーテル体の独立性、物質的身体に対する記憶の独立性を受け入れねばならないでしょう。

いま述べた精神科学の仮定が正しいなら、いかに私たちが外界と結び付いているか、いかに私たちの個我が心魂のいとなみの意識的な印象を外界から受け取るかに関して、何が明らかになるでしょうか。物質界にいる私たちは感覚器官、外的な物質的器官と、脳の器官に繋がる悟性に結び付いていなければなりません。ですから、「人間の世界像、人間が日常意識をもって体験するものは外的な身体、外的な身体の健康と病気に結び付いている。特に、健全な感覚器官と、よく形成された脳に結び付いている」と、言うことができます。

「心魂のいとなみの隠れた深みのなかに存在するものと、記憶をとおしてのみ取り出せるものは、日常の意識的な生活のように外的な組織に結合していない。むしろ内面、つまり感覚と脳の器官に結び付いた境域の下方に安らいでいる」と、語ることはできるでしょうか。独立した記憶について語ることができるでしょうか。

そのように語れるなら、物質的身体組織の内部に、人間のエーテル体が独立して存在している、と言うこともできるでしょう。エーテル体は、身体組織の外的な損傷から独立しています。「脳の健康に結び付く、意識の通常の経過は、記憶と完全に平行しているのか。あるいは、記憶はある意味で独立しているのか。物質的身体がもはや知覚の担い手でありえなくなったとき、記憶は独立して存在するか」という問いは、興味深いものです。生活を観察すれば、生活自体が答えを与えるでしょう。

私たちは奇妙な事実に行き当たります。それは文献に述べられているので、だれでも確かめられます。精神科学の内容は、明視意識から取り出されます。その内容は、一般の人々にとっては仮説です。しかし、出てきた結果は、生活そのものをとおして証明されます。

ニーチェの症例

悲劇的な運命によって知られる人物を、例として挙げましょう。フリードリヒ・ニーチェです。長い病気のあと、彼はあっというまに、精神に異常をきたしました。

彼の友人で、バーゼル大学の教授だったオーファーベック(注1)が、困難な事情の下、彼をトリノからバーゼルに連れてきました。ベルヌーリ(注2)の興味深い本が、つぎのようなことを語っています。私は、トリノからバーゼルへの移動のエピソードの数々を無視して、特にオーファーベックの注意を引いた事実だけに注目しようと思います。

ニーチェは周囲で起こっていることには、特に関心を示しませんでした。自分の通常の意識領域に入ってくるものには、特に関心を示しませんでした。経過することに、何らかの注意や意志衝動を向けることは、ほとんどありませんでした。彼はすなおに病院に連れていかれ、そこで古い知人に出会いました。それが、この病院の院長です。

ニーチェはもはや外界に関心がありませんでした。しかし、その知人の名を聞くと、何かが浮かび上がりました。ニーチェはその院長と、かつて行なった会話の続きを始めたのです。オーファーベックは、大変驚きました。七年前に行なった会話の続きを、正確に始めたのです。このように、外的な知覚の器官、脳、悟性、通常の意識が壊れていても、記憶は忠実に働いたのです。ニーチェは日常の経過、知覚・観察すべきことには注意を払いませんでした。それらは、どうでもよかったのです。破壊された人体に対して、独立したものがいかに作用を続けるかが、ここから分かります。

先に進みましょう。私たちに多面的な観察の才能があれば、どのような状態かを認識できます。ニーチェはイェーナに連れて行かれました。オーファーベックその他の人々がニーチェを訪れたとき、ニーチェは昔研究したこと、体験したことについては、何でも語り合えました。しかし、いま現在ニーチェのまわりで起こっていることについては、何も語り合うことができませんでした。物質的身体を道具として使う観察・知覚について語りあうことはできませんでした。しかし、記憶の担い手である、独立して作用するエーテル体は正常に機能していました。

いくつでも、例を付け加えることができるでしょう。唯物論的に考えようとする人は、「脳の一部、記憶を担う部分が損傷を受けていないのだ」と、言うでしょう。そのような異論を唱える人は、日常の体験を、とらわれなく考察してみるべきです。そうしたら、物質的身体の背後にエーテル体＝生命的身体があるのが分かります。私たちは精神科学をとおして、エーテル体が記憶の担い手であることを認識します。

（注1）オーファーベック　Franz Camille Overbeck（一八三七―一九〇五年）ドイツの神学者・教会史家。

（注2）ベルヌーリ　Carl Albrecht Bernoulli（一八六八―一九三七年）スイスの神学者、バーゼル大学教授。ここでシュタイナーが言及しているのは、ベルヌーリ著『オーファーベックとニーチェの友情』（一九〇八年）。

夢

別の面、内面のいとなみの面から人間を考察すると、本当に日常、知られざる深みから波が打ち寄せてくるのに気づきます。自分の心魂のいとなみを見渡すと、人間はその波を、悟性・感受・意志衝動によって支配しているものほど意識していないのが分かります。心魂そのものは私たちの意識よりも広いものです。知られざる深みが私たちの心魂から意識のなかに働きかけるのを、夢のいとなみが示します。夢は人間を総合的に理解するために、非常に重要です。

夢は混沌としていて、現われては消える、まったく法則性のないもののように見えます。しかし、繊細で内的な法則性があります。夢は、心魂のいとなみの意識下の領域で生まれ、上部領域に打ち寄せます。人間は夢を支配できません。

単に考え出したことを話すのは、私の流儀ではありません。自然科学で行なうように、生活・経験・精神科学的実験から明らかになったことのみを話します。物理学や化学があるように、「夢学」があります。このことは、ほとんど知られていません。しかし夢は、私たちの心魂のいとなみの隠れた深みに存在する無数のことがらを明らかにします。まず、滑稽に思われるかもしれない、単純な夢を語りましょう。しかし、この夢は、心魂の隠れた深みに突き進もうとする人には、好例になります。

ある農婦が夢を見ました。彼女は町への道、教会への道を歩いていました。どのように町に行き、教会に行くか、彼女は正確に夢に見ました。説教師が説教壇に立って、説教しました。彼女は聖職者の説教を、はっきりと聞きました。聖職者は情熱的に、深く心に達するように説教しました。聖職者が両手を広げたのが、特に深い印象を与えました。多くの人に深い印象を与えたこの身振りは、彼女にも非常に深い印象を与えました。

ここで、奇妙なことが起こりました。夢のなかで突然、説教師の姿と声が変化していきました。彼は、以前のようには語りません。彼の声は、鶏の鳴き声に変わっていきます。彼自身が羽根を広げた鶏に変わっていました。彼女は目覚めます。外で、窓のまえで、鶏が鳴いています。

この夢は多くのことを私たちに示します。まず、夢を説明しようとするなら、通常の時間の表象にとらわれてはなりません。日中に時間が表現するものを、夢の基準と考察することはできません。いくつかの夢の体験から明らかになるように、夢を見る人は、その夢を長時間にわたるものへと拡張する、と考えなくてはなりません。彼女は一歩一歩町を歩いて教会に行き、説教師が説教壇に上って説教するのを聞きました。これらのことが起こるには、物質界では長い時間が必要です。

しかし、それほど長いあいだ鶏が鳴いていたのではないことは確かです。彼女は鶏の鳴き声で目覚めました。鶏の鳴き声がこの婦人の心魂のいとなみのなかで解き放ったものが、逆向きに経過する夢の表象、夢のイメージを作り上げたのです。彼女は、自分が体験したと思う世界を振り返ります。その世界は、彼女が通常の生活から借りてきたイメージで満ちています。しかし、その夢の誘因、外的な原因は、鶏の鳴き声です。この婦人が心魂のなかで体験したものの原因は、彼女が夢の体験を拡張して作り上げた時間に比べて、非常に短いものです。

夢と現実

人間は眠ってから起きるまで、物質的身体とエーテル体のなかにはいない、と精神科学は言います。アストラル体と個我は物質的身体とエーテル体の外に出て、目には見えない超感覚的世界のなかにいます。

その状態から、鶏の鳴き声によって彼女が抜け出たのを、私たちは具体的に表象しなくてはなりません。眠ってから起きるまで、人間は何も体験しないと考えるのは、まったく根拠のないことでしょう。しかし、その体験は心魂的な性質のものにちがいありません。彼女の目覚めには、鶏の鳴き声が関与します。彼女は目覚めるときに、自分が体験したことを振り返って見ます。彼女が夢で見たイメージは、彼女が眠りのあいだに本当に体験したものだ、と考える必要はありません。彼女は朝の目覚めの瞬間までに体験したことを洞見《どうけん》することはできません。こうして、私たちは夢のいとなみの現象全体を理解します。

目覚めの瞬間がやってくると、眠りのいとなみと目覚めとの衝突をとおして、彼女は実際には体験しなかったことを夢で見たのだ、ということが明らかになります。目覚めの瞬間に、彼女は昼の生活体験の象徴的なイメージを眠りのいとなみのなかに入れます。彼女は、昼の生活でしばしば起こったことをイメージに変えて、そのイメージで自分の眠りの体験を覆うのです。

ですから、時間の経過も、実際に生じたものとは思われません。眠りを覆う幕のように、これらのイメージ特有の時間が経過します。ですから、「夢のイメージは多くの点で、人間が眠りのなかで体験することを覆うものである」と、言わねばなりません。夢は人間自身が眠りのいとなみのまえに据えるイメージをとおして生じるものである、ということが重要です。

しかし、夢は実際に生じるものの模像ではなく、眠りのなかで体験されるものを示唆するだけです。人間が見る夢は、人間の心魂のいとなみによって異なる、ということがその証明になります。

一方には、日中の行為、あるいは、やましさに苦しめられる人が見る夢のイメージがあります。他方には、よく果たせたことへの満足・至福を感じる人、あるいは、人生を有意義にするものごとに沈潜できる人に現われる夢のイメージがあります。この両者は異なります。実際の体験そのものが心魂のいとなみの隠れた深みのなかで経過するのではありません。

夢と才能

特に、つぎのような方法で夢が現われると、夢は隠れた心魂の深みを明かすものになります。ある夢を、心魂のいとなみの隠れた深みを漏らすものとして考察しようと思います。青年期の体験に刺激されて、つぎのような夢が律動的・周期的に繰り返された人がいます。

その人はまだ生徒だったころ、作図に才能を示しました。そのため、彼が学校を卒業するころ、先生は特別に難しい図面を課題として与えました。その生徒は、いつもは一定時間内に多くの図面を写したのに、細かい部分まで正確に写そうとしたので、一年経っても仕上げられませんでした。描きつづけたのですが、完成できませんでした。卒業が間近に迫っているのに、課題のうち、わずかしか終えていませんでした。自分の作品を完成していないので、この生徒は不安・恐れを抱いた、と考えることができます。

しかし、そのときに彼が体験した不安は、何年も経ってから夢のなかで繰り返し現われる不安状態に比べれば何でもないものでした。その人は何年も経ってから、自分が生徒であり、まだ図面を完成していないという夢を見るようになり、不安を覚えました。目が覚めるまで、夢のなかで不安はますます大きくなりました。その夢は毎週、繰り返されました。それから何年も夢は現われず、その後また、毎週現われるようになりました。

この人物の生活を調べると、この奇妙な夢の体験を理解できます。彼は生徒のころ、作図の才能がありました。その才能はゆっくりと段階的に、一生をとおして発展していきました。正確に観察すると、この人は作図の才能に関して常に進歩したことが分かります。生徒のころの夢を見て、作図の才能の増加が示されると、さらに進歩しました。「夢の体験が生じたあと、この人の図面表現の能力は大きく発展した」と、言うことができます。

これは実際に生じた、非常に興味深い体験です。このような体験を、精神科学はどのように説明できるでしょうか。

存在の核

人間存在のなかに、超感覚的な存在の核が生きており、それは絶えず内的な力の変化と、外的な人相の変化に働きかけています。そのような超感覚的存在の核が人間に存在し、人間の基盤になっているということを考慮すると、「全生涯にわたって、この中心的な存在の核が、人間の身体という道具全体に働きかける。人間は新たな能力を発展させようとするとき、外的な器用さを必要とするからだ」と、言わねばならないでしょう。

この中心的な存在の核が身体組織を変容させて、人間はますます器用になり、理解能力を持つようになります。

人間の中心的な存在の核が、身体のなかに働きかけます。この内的な存在の核は、身体に働きかけているあいだ、意識のなかに現われることができません。その力のすべてが身体組織改造のために注ぎ込まれ、能力として現われます。この場合は、作図の能力です。ある段階が達成されて、自分が編成しなおされたことを意識し、新たに得た能力を使用できるようになります。そのとき、つまり中心的な存在の核が意識のなかに現われる瞬間、人間は初めて、自分のなかで何が起こっているか、心魂のいとなみの隠れた深みのなかで何が作用しているかを知ることができます。

しかし、このケースでは、移行段階が存在します。彼が外的には前進しないときに、中心的な存在の核が彼の作図の才能に作用していることを知らないと、すべては心魂のいとなみの隠れた深みのなかにとどまります。しかし、中心的な存在の核が意識のなかに現われるべき時点が来たことは、独特の夢のいとなみのなかで気づかされます。内的な存在の核が作図の能力を一段完結したということを、夢が告げます。そのように、この夢は何かが達成されたことを証明しているのです。夢が現われるまでは、心魂の力は身体内部の隠れた深みで活動し、能力をゆっくりと形作っていました。その力が固定して、この能力のための身体組織が出来上がったあと、その力は意識をとおして開示されます。

最初、その能力は明らかには意識に現われません。その能力は、夢の半意識のなかに注ぎ込みます。夢をとおして、隠れた心魂のいとなみは、心魂の意識的な部分に入ってきます。ですから、夢のあと、いつも能力の前進が見られました。その能力は夢のなかで象徴的に表現されます。

人間と動物

人間の中心的な存在の核は、感覚的・超感覚的な身体組織の基盤のなかで働くことができる、ということを私たちは知りました。人間がある段階までその働きを意識に高め、内的な存在の核の仕事が完結すると、それが夢のなかで表現されます。そして、この活動は力へと変化して、意識的な生活のなかに現われます。下方にあるものと、上方の意識的な生活のなかで生じることとが照応します。なぜ多くのことが意識的な生活のなかに現われることができないのかも、私たちは知ります。人間がまだ器官形成のために必要とするものは、意識のなかに入ってくることができないからです。人間は能力を改造して、その能力を意識的ないとなみのための道具にしなければなりません。

人間の中心的な存在の核が、いかに人体に働きかけるかを、全生涯をとおして観察できる、と私たちは言うことができます。人間が幼年期に内から外へと次第に成長するとき、個我意識が入ってくるまで、つまり人間がのちに思い出すことのできる時点まで、この内的な存在の核が人間に働きかけます。その存在の核が、のちにも人間に働きかけます。人間の存在全体が変化します。人間が心魂のいとなみのなかで体験することは、意識に上らずとも、人間のなかで創造的に活動しています。また、あるときは、心魂のいとなみが創造的に活動して、意識的な活動へと高まってきます。私たちが意識の上部領域に有するものと、意識下、つまり心魂のいとなみの隠れた深みにやすらうものとのあいだに関連があります。

人間が上部意識で夢見ているものとはまったく異なった言語を、心魂のいとなみの隠れた深みは語り、まったく異なった叡智を展開します。人間の意識は、意識に映る「事物の悟性」に符合するものとは考えられません。ここから、人間におけるのとは同じ意味で理性的に解明できないところにも、理性が活動・支配しているのが見て取れます。この点で、人間を動物と比べてみましょう。そうすると、人間は理性の活動に関して動物に勝《まさ》ってはいない、ということが見出されます。人間は意識をとおして、この理性の活動を解明します。その点で、人間は勝っているのです。

ビーバー、スズメバチが巣を作るのを見ると、動物の行為のなかに理性が活動しているのが分かります。私たちは動物の創造行為全体を見渡すことができます。そこには、人間が用いるのと根本的に同じ理性が活動しています。人間は自分の意識によって、宇宙理性の活動の一部を照らし出します。人間は世界の理性的活動の一部だけを、意識から解明できます。しかし、ずっと包括的な理性活動が私たちの意識下の心魂のいとなみを貫いています。理性による意識下の推論・概念形成のみが果たされるのではありません。ヘルムホルツ(注1)のような自然科学者も、それを示唆しています。人間ぬきに、精巧な、叡智に満ちたものが、理性によって果たされるのです。

(注1)ヘルムホルツ　Hermann Ludwig Ferdinand von Helmholz(一八二一―一八九四年)ドイツの生理学者・物理学者。エネルギー保存の法則を唱えた。

人生の割り算

ここで、「哲学者と人間の心魂」と言うべき話題に触れてもいいでしょう。私は特に、一九世紀における悲観主義的な哲学者たちのことを考えています。哲学者は、特に理性、意識的な悟性活動に関わります。自分が悟性活動によって吟味できるもの以外は認めません。ショーペンハウアー(注1)、マインレンダー(注2)、エドゥアルト・フォン・ハルトマン(注3)のような哲学者は、どのような理念から出発しているのでしょうか。明瞭な心魂のいとなみによって世界を概観すると、悪・痛み・苦しみが喜び・幸運よりはるかに勝っている、と彼らは考えています。

エドゥアルト・フォン・ハルトマンは、本当に才気あふれる方法で、いかに世界では苦痛と苦悩が勝っているか、興味深い計算の実験をしています。人間すべてが苦痛・苦悩として体験するにちがいないものを、彼は減数としました。そして、人間が喜び・幸運として体験できるものすべてを被減数としました。喜びと幸運から苦痛と苦悩を引くと、彼の計算では、苦痛と苦悩が勝ります。ハルトマンは、このような悟性的な演算から、「苦痛と苦悩が勝っているなら、人生は悲観的にしか眺められない」と、言います。もちろん、そう言うのには、ある種の正しさがあります。

哲学者の悟性はこのような計算を行ない、世界をある程度悪いものだと判断しました。

さて、私は『自由の哲学(注4)』のなかで、この悟性の計算、この「引き算」はそもそも役立たないことを示唆しました。哲学者でなくても、人間はこのような引き算を人生において行なうでしょうか。意識的な心魂のいとなみを見てみましょう。意識的な心魂のいとなみは、生命の価値と快楽の価値を、そのように奇妙な方法では決定しません。そのことを、人生が私たちに示します。人間はそのような例題に取り組んで、「人生には価値がない」という結論を引き出しはしません。この計算を行なうと、人間は意識的な生活のなかでは答えを出すことができない、ということが分かるにちがいありません。

エドゥアルト・フォン・ハルトマンの計算は才気あふれるものであり、正しいものだと、私は言いました。ロベルト・ハマーリングは『意志の原子論』のなかで、その計算はどこか誤っているにちがいない、という考えを表明しています。どの生物・人間においても、苦痛が勝っているとき、死滅の喜びではなく、生存の楽しみが存在するからです。人間は引き算からではなく、別の何かから、人生には価値があるという結論を引き出します。

私は『自由の哲学』において、引き算の例題が役に立たないことを指摘しました。人間の心魂のいとなみの深みは、まったく別の計算を行なうからです。引き算ではありません。引き算は意識が行なうのです。意識下の心魂のいとなみは割り算を行ないます。快楽の量を、苦悩と苦痛の量で割るのです。

苦痛の量が8で、楽しみの量も8だとしてみましょう。引き算を行なうと、この場合、答え、つまり存在の価値は0でしょう。しかし、引き算ではなく割り算を行なうと、「8÷8＝1」です。答えは0ではなく1です。

分母が非常に大きいときでも、無限でさえなければ、いつも存在の楽しみが残ります。このような割り算を、人間は隠れた心魂の深みで行ないます。そして、出てきた答えが、人間が意識的な心魂のいとなみのなかで存在の価値、楽しみの価値と感じるものです。普通の健全な性質の人なら、苦痛のほうが大きくても、存在への快感、世界に対する喜び・欲望を有するという特徴的な現象は、心魂の深みのなかで割り算を行なっているからなのです。

（注1）ショーペンハウアー　Arthur Schopenhauer（一七八八—一八六〇年）ドイツの哲学者。世界は表象であり、その根本原理は生への盲目的意志だとした。

（注2）マインレンダー　Philipp Mainländer（一八四一—一八七六年）ドイツの哲学者。

（注3）エドゥアルト・フォン・ハルトマン　Karl Robert Eduard von Hartmann（一八四二—一九〇六年）ドイツの哲学者。「無意識の哲学」を展開した。

（注4）『自由の哲学』　一八九四年のシュタイナーの著書。邦訳、人智学出版社、イザラ書房、筑摩書房。

子どもの無意識

心魂の深みのなかで計算が行なわれています。人間の意識下で理性が支配しているということを、人生は明らかに示します。ビーバーが巣を作るとき、理性が働いているのですが、その理性は動物の意識のなかには、まったく上ぼってきません。ビーバーは意識的に計算することができません。スズメバチの場合も、そうです。

理性が人間の心魂の深みを支配しており、意識のなかに突き進みます。まるで、海のなかの力が波を上方に押しやるようなものです。意識は、心魂のいとなみの広い地平のなかに存在するものより小さなものです。人間は心魂のいとなみと意識のいとなみの海洋の上を泳ぐものと見なさねばなりません。人間の心魂のいとなみの一部分のみが意識に照らし出され、上部意識をもって意識下を泳いでいることに、私たちは気づきます。

人間のなかで支配するものを、日常生活においても見ることができます。外的な出来事に直面して人生が変わるのを、繰り返し見ることができます。私たちは自分の心魂の深みを知ることがありませんが、私たちの心魂の深みには、ずいぶん以前に体験したことが支配しています。外的な意識はその体験を忘れていますが、まだ作用が続いているのです。その体験は、意識されないときも、人間の中心的な存在のなかに存続し、作用します。

ですから、つぎのようなことが起こります。ある人の心魂の深みのなかに、その人が子どものときに体験したこと、深く心を捕らえたものが存在することがあります。子どもは周囲の不正を敏感に知覚することがあります。七歳・八歳の子どもが行なったことについて、両親その他の人が不当な判定を下だしたとしましょう。不当な判定を、その子は体験しました。のちに、その体験の上に意識的な心魂のいとなみが重なって、表面を形成します。その体験は意識には忘れられても、無意識の心魂の深みでは活動を続けます。

その子が成長して一六歳・一七歳になったとき、学校でふたたび不当な目に遭ったとしましょう。

幼年期に不当な目に遭わなかった別の子どもが、成長してから、学校で不当な目に遭ったとします。この子は家に帰って、不当な目に遭った、と訴えます。泣いて、教師を罵《ののし》ります。それ以上のことは起こりません。何もなかったかのように事件は過ぎ去り、その体験は意識下の心魂のいとなみのなかに入っていきます。

七歳・八歳のときに不当な目に遭った子の場合、外的な意識はその体験を忘れています。その子が、のちに学校で同じ目に遭います。今度は、その作用が過ぎ去りはしません。この子は自殺するでしょう。

その原因はどこにあるのでしょう。どちらの子どもにおいても、意識的な心魂のいとなみのなかでは、まったく同じことが起こっているかもしれません。意識下の隠れた深みから、心魂のいとなみのなかに上ぼってくるもののなかに、その原因を探さねばなりません。

切望

意識下の心魂のいとなみが、このような方法で私たちの意識的な心魂のいとなみのなかに作用するのを、私たちはいたるところで知覚します。私たちが繰り返し体験する、つぎのような例を取り上げてみましょう。この体験は、残念ながら、あまり注意されません。

年を取ってから、激しい「切望」を抱く人がいます。切望が上方に波立ってきます。彼らが何を切望しているのかを尋ねると、「自分が何を切望しているのか分からないのだ」と言います。慰めになりそうなことをすべて試みても、切望する者たちを慰めることはできません。

自然科学的な方法、観察的な方法で、その人の若いころに遡ってみると、幼児期の体験の作用に気づきます。少年時代に、その人の注意と興味は、いつも一定のものに向けられていたのですが、それは彼の心魂の最も深い本質には関連していませんでした。それは、このような領域を観察すると、だれでも納得できます。その人の注意は心魂の活動のある領域に向けられ、心魂が駆り立てるのではないものに縛られていました。ですから、自分の心魂が達成したかったものすべてが、断念されたままとどまっています。注意は、本来の方向とはまったく別のほうに突き進みました。文字どおり、注意は折り返します。

ですから、のちに、つぎのようなことが起こります。注意と興味が満足されず、満たされない衝動を常に持っていたので、一連の体験が一つの傾向・衝動に変化します。情熱・本能のように作用するものへと変化します。それは憧憬的欲求、何かへの切望として現われます。以前だったら、この衝動を満足させることができたかもしれません。いまは、もはや不可能です。

注意を向けていた出来事が、心魂のいとなみの流れのなかで生じました。しかし心魂は、注意を向けていたとはいえ、その出来事に惹きつけられてはいませんでした。こうして、以前には自分に適していたものを、もはや理解できなくなります。以前は、心魂の地下に活動・支配するものを理解できませんでした。いまや人間は、心魂の地下で活動するものから遠ざかっています。もはや介入できません。

宇宙との合一

人間の意識的な生活と並んで、意識下の流れが心魂のいとなみのなかを通過していることを、私たちは知りました。その流れを、私たちは日常生活の何千ものケースにおいて知ります。意識的な心魂のいとなみは、意識下のいとなみのなかに沈みます。それでも、人間は心魂のいとなみの意識下の深みを把握できるということを、別の現象が示します。

心魂のいとなみはエーテル体に達し、エーテル体は物質的身体に働きかけます。そこでは人間は、いわば自分自身の地下に下だっていきます。そこで、人間は何を見出すでしょうか。自分の生を人間という狭い範囲から越え出させるものを見出すのです。自分を宇宙に結び付けるものを見出すのです。エーテル体によってと同様、物質的身体によっても、私たちは宇宙と結び付いているからです。

心魂のいとなみがエーテル体のなかに注ぎ込むと、私たちの本質は宇宙の彼方に生きることができます。そうすると、人間と宇宙との合一が示されます。もはや人間自身ではなく、宇宙が告知されます。そうして私たちは、ファンタジーのいとなみに向かっていきます。

人間はさらに下降して、内面を拡げます。そして、人間を取り囲む通常の時間・空間を越えていきます。物質的身体とエーテル体が宇宙に取り囲まれ、宇宙に従属しているのを体験します。そのように、人間が物質的身体のなかに下だるとき、人間の外にあるものが、人間の意識を照らし出します。

隠れた心魂のいとなみが、いかに人間の意識のなかに輝くかを、私たちは知りました。私たちは他面で、意識をもって、心魂のいとなみの隠れた深みに下だっていかねばなりません。まず私たちは、想像力をとおして、その深みに到ります。空想ではなく、本当の想像でなくてはなりません。さらに下だっていくと、明視力と言われるものに到ります。私たちは人間がなじんでいる時間・空間に制限されずに、普段は不可視の宇宙の彼方に到ります。

ファンタジー

心魂のいとなみの隠れた深みに下だっていくことによって、私たちはファンタジーの領域に突き進み、さらに明視の領域と、存在の秘密の領域に入っていきます。自らの心魂のいとなみの隠れた深みを通過していくことによってのみ、私たちは霊的・超感覚的な存在の深みに到ります。それは通常の意識には知覚されないものであり、知覚できる事物の根底をなしています。空想的にならず、生活を深め、事物と共に生き、外的な知覚の代わりに包括的なイメージが現われるようにします。そうすると、想像をとおして、人間はいかに事物と合生するかを感じることでしょう。本物の芸術家は、常にこのように創造します。たしかに、想像力をとおして表現されるものを、事物の本質と言うことはできません。しかし、想像という道をとおって、悟性と外的な科学が把握できないもののなかに入っていくことができます。

ですから、才気あふれる哲学者フローシャマー(注1)は、世界の根底となるもの、創造的なものを、事物のなかの「創造的ファンタジー」と呼びました。通常の意識的な心魂のいとなみから意識下の領域に下だると、単なる悟性をとおしてよりも、人間は事物のなかで創造する本質・ファンタジーとよく合生する、とフローシャマーは言います。ファンタジーのいとなみは心魂のいとなみの意識下の領域に属すということを認めない人がいるでしょうか。この見解は大変一面的ですが、ファンタジーを創造的な宇宙の力とする考えは、単なる悟性的見解よりも、世界に見られる不思議な現象をよく解き明かす、と言うことができます。

百の可能性を持つ悟性から千の可能性の世界、ファンタジーの世界に移行するとしましょう。そうすると人間は、自分が日常を支配するものに由来するのを感じると同時に、心魂の地下で包括的な可能性を示す世界のなかに突き進むのを感じます。それに比べて、表面で体験されるものは、単に小さな断片にすぎないように思われます。存在の土台には百万の可能性があるのに対して、存在の表面に広がる現実は千しかないのではないでしょうか。その現実を私たちは知覚します。

海の生命のなかに現われる魚の胚が、無限に多面的な可能性をもたらすのを見るだけで十分です。その胚は、そこから現われる生命現象に対して、どのように見えるでしょうか。そのように考えると、生命を生み出す胚がいかに多数かが分かります。胚から、いくつのものが実際に成長するでしょうか。表面に見られるものに比べて、地下の生命がずっと豊かであることが示されます。自分の悟性が把握できるものから、ファンタジーの領域に下だるときも同じです。私たちが外的な現実の領域から、無限の可能性の領域に下だるときも同様です。私たちが悟性の世界から、ファンタジーの魔法の世界に下だるときも同様です。

（注1）フローシャマー　Jakob Frohschammer（一八二一―一八九三年）ドイツの哲学者・

神学者。彼の『ドグマの歴史』（一八五〇年）はローマ法王によって禁書とされ、一八七一年に破門された。

精神探求の道具

しかし、創造的な宇宙の力をファンタジーと並列させるのは一面的です。人間はファンタジーをとおして下降するのですが、この地下から超感覚的世界の現実へと入っていくほど十分には進めないからです。十分に進むことが可能になるのは、明視力を発展させたときです。心魂のいとなみの表面から、隠れた心魂の深みに意識をもって下だるとき、すなわち、いつもは無意識に波打ってくる力のなかに下だるとき、私たちは明視的な力を見出します。

人間が意識をもって意識下の領域に下だれるということは、すでに示唆しました。そのように下降しようとするときは、自分の心魂を道具にしなくてはなりません。化学者・物理学者が実験室で、外的な事物を調べるために器具を用いるように、心魂は宇宙の真理を探究するための道具になります。心魂は、日常生活におけるのとは異なった道具にならねばなりません。ゲーテがつぎのように述べているのは真実です。

昼の光には、自然は秘密のままで、

ヴェールを取り去らせない。
自然が君の精神に明かそうとしないものは、
梃子《てこ》や捻子《ねじ》でこじあけることはできない。(注1)

そのような器具、そのような梃子と捻子に基づいた実験、つまり外的な実験では、精神のなかに突き進めません。隠れた心魂の深みで支配するものを意識によって照らすと、精神の根拠に突き進めます。普段は闇に覆われているものに、光を当ててみます。そうすると、霊的な根底へと突き進むことができます。そこでは、永遠・無限の人間の心魂が、創造する存在とともに生きます。その存在は、心魂と同様、無限のものです。心魂は内的な体験を自ら経ることによってのみ、そのような道具になれます。

(注1) 昼の光には、自然は秘密のままで……　『ファウスト』第一部「夜」の場における、ファウストの台詞。

瞑想

『いかにして高次世界の認識に到るか』(注1)に、どのように人間は瞑想・集中をとおして、意識的に心魂のいとなみの隠れた深みに入っていくことができるかが述べられています。強い決意によって、感覚が知覚するものを締め出し、普段、生活のなかにある憂い・心配・興奮など、心情に動きをもたらすものを抑えると、心魂をからっぽの状態に保てます。睡眠中におけるように、外的な知覚の思い出は消え去ります。しかし睡眠中、隠れた心魂の深みで支配する力は、はっきりした意識をもって下方を照らし出すほど強くありません。

それが達成できるのは、意志をもって意識下のいとなみに向かうときだけです。たとえば、一定の表象に没頭するときです。普段は意識下が行なうものに没頭するのです。それは、まったく意志のなかに潜っているにちがいありません。私たちが思考するものにとって、意志が基準とならなくてはなりません。人間が意志をとおして入り込むもの以外に、基準となるものはありません。

瞑想において、人間は意志をとおして表象内容を思い浮かべます。長時間にわたって、自分が表象したもののみを思考・観照・想起します。自分の意志と一体になり、意志が思考内容を意識の地平にもたらすことができるようにします。その表象をしっかりと精神の目で捕らえ、普段は分散している心魂の諸力を一点に結集します。意志をしっかり保って、その表象が暗示的に作用しないようにします。

瞑想者は常に自らを支配し、表象に縛り付けられずに、自分が意志するときには、いつでも表象を消し去ることができるようにします。自分の心魂をこのように発展させ、意志を内的に開発します。そうすると、最初の一歩を進んだことになります。

外界の表象が最も強く作用するのではありません。象徴的な表象が強力に作用します。たとえば、「光」あるいは「知恵」という表象を取り上げましょう。この表象をそのまま、自分の意志によって意識のなかに据えると、多くを達成できるでしょうが、大いに前進することはできません。「知恵」を「光」という象徴で示し、「愛」を「熱」という象徴で示すと、効力が増します。心魂自身のなかに生きる象徴的な表象を選びます。つまり、外界から表象を借用するのではなく、自分で表象を作ります。一義的な表象ではなく、多義的な表象に没頭します。

たしかに唯物論的に考えると、そのように瞑想する人間は空想家だ、と言うことができます。これらの表象は何も意味しないからです。しかし、これらの表象は何も意味する必要がないのです。これらの表象は、心魂が隠れた深みに下だるのを可能にする力を引き出せればよいのです。

日常では、外的な力が外から、あるいは隠れた心魂のいとなみから支配しています。瞑想においては、厳密な規定に則って心魂を作り直し、すべてを意識的な意志の下に置きます。そこでは人間は、表象のいとなみ全体を内的に力強く活動させます。そうすると、このような修練をとおして、人間の心魂は以前とは別物になります。この修練を行なう者は、自分の心魂が別領域に下だっていくのに気づきます。修行者・瞑想者は、本当に内的・中心的な存在に到るのを体験します。超感覚的・内的な中心存在へと到ります。つぎのような体験です。

（注1）『いかにして高次世界の認識に到るか』　シュタイナーの一九〇四年の著書。邦訳、イザラ書房、柏書房、筑摩書房。

精神科学の探究

人間は、「自分が発展させる表象が自分に作用して、自分を改造する」のを知覚できる地点に到ります。何かを思考から、いままでの心魂のいとなみから知ることをやめます。心魂のいとなみから宇宙の彼方に出て行こうとするものを、人間は知覚します。そして、空間の彼方から人間に作用し、形成するものを知覚します。空間と合一するのを、人間は完全に目覚めた意識で感じます。

外的な超感覚的世界の現実を体験するには、さらに別のものが付け加わります。この体験は非常に意味深く、決して無視してはなりません。「私のなかで何かが起こっている。しかし、自分のなかで経過しているものを、通常の生活における表象のように思い浮かべることは不可能だ。自分のなかで起こっていることを、思考の鋭い輪郭で把握することはできない。自分のなかで、豊かで多義的な体験をするのだが、それを意識にもたらすことができない」と、人間は知ります。

この体験を通常の意識のなかに持ち込むと、抵抗にぶつかったように感じます。人間は、自分の背後に広い意識が存在することに気づくにちがいありません。しかし人間は、通常の身体という道具を利用できないような抵抗を感じます。自分は自らが意識的に知っているものよりも、内的に別のものだと気づきます。エーテル体のなかに力を注ぎ込むのですが、そのなかに物質的身体が重い障害物のように存在しており、その力に屈しないのに気づきます。これが第一の体験です。

訓練を繰り返すと、物質的身体が屈服しはじめます。私たちの体験するものが、通常の生活の表象のなかへと移ることが可能になります。最初は深く隠れた心魂のいとなみのなかでのみ体験されたものが、通常の生活の表象のなかに移ることが可能になります。

精神世界で体験されるものは、精神科学によって、通常の生活の理念と論理的な概念で表現されます。しかし、精神科学が伝えるものは、論理的推論や何らかの外的な判断をとおして得られるものではありません。それは、超感覚的体験をとおして得られます。人間の隠れた深みを意識によって照らし出すことをとおして得られます。それは、自分の心魂を超感覚的な知覚の道具とすることによって体験されたあと、通常の意識のなかに下だっていきます。物質的身体とエーテル体の力を改造するものを心魂のなかに呼び出し、それに通常の概念をまとわせて、外界に伝えることができます。精神科学は論理的に伝達されます。

心魂探究者は、意識下の心魂のなかで生じるものを見ることができます。

心魂の深みへの道

先に例として挙げた夢の体験から分かるように、心魂の存在の核がまず人間の内面で示されます。そして、作画の才能が現われるとき、その働きかけの結果が人間の意識に示されます。私たちはまず、意識下への働きかけを見ます。ついで、地下で働くものが変化して意識のなかに現われるのを、私たちは見ます。

意識的な沈潜において、人間は意識をもって瞑想・集中のなかに生きます。瞑想と集中に用いられる意志の力が、エーテル体と物質的身体の変化を引き起こします。超感覚的に体験するものを日常の意識のなかにもたらすのは、私たち自身です。私たちが生活において観察するものを、直接的に観照することが精神には可能です。私たちが自分の心魂の隠れた深みに下だるときにのみ、そのような観照が可能です。

私がここでみなさんに述べた修行法は、明視力を得ようとする現代人にとって、唯一正しいものです。この修行法は、心魂の核の働きに素質のある人にも合っています。生まれつき素質のある人も、隠れた心魂の深みに力をもたらすことができます。そうすると、一種の自然な霊視が現われます。それは、いま述べた自己意識的な明視と同じものに到ることができます。人間が自分の心魂の深みに下だっていって、瞑想と集中をとおしてエーテル体のなかに入れたものが身体組織に働きかけているのに気づくと、もはや空間・時間のなかに立ち止まりません。精神は空間・時間、感覚界の事物を突き進み、感覚的な事物の根底にあるものに到ります。普段、外的な知覚にとどまるとき、人間は空間・時間のなかにとどまっています。修練した明視意識によって事物の本質へと突き進むのと同じことが、ある意味で、自然の素質をとおしても生じます。ノストラダムス(注1)の場合、自然な素質をとおして霊視力が発展しました。

その発展がいかに人生に生じるか、拡張された意識、意識的な心魂のいとなみの境界を越えた心魂の力の働きを、ある本から知ることができます。隠れた心魂・精神の力の作用が、外的な科学にはどう見えるかが、その本にみごとに描かれています。特別の修行なしに達成された霊力と、人間と高次世界の関連について私が述べたこととの関係も、みごとに描かれています。ルードヴィヒ・ダインハルト(注2)の『心理学的に探究した人間の秘儀——神秘学入門』です。この本は、超感覚的探究の二つの方法を提示しています。外的な科学に頼る方法と、本当の修行・瞑想・集中をとおして超感覚的世界に到達する方法です。

しかし、心魂の体験に確実に突き進みたい人は、私の『いかにして高次世界の認識に到るか』に取り組みます。

下方の深みで支配する地震のごとき力の突進を、心魂がいたるところで示すのを、私たちは知りました。しかし他面では、自分の心魂のいとなみによって遂行しなければならないことをとおして、自分の心魂のいとなみ、存在の隠れた深みに下だっていけることが示されました。精神科学は、このために存在します。私たちは隠れた心魂の深みを通っていき、まず自分自身を把握します。そして、外的な宇宙の隠れた深み、霊的な地下、永遠と不死の領域のなかにも、私たちは突き進んでいきます。その方法を、精神科学は提示します。

（注1）ノストラダムス　**Nostradamus**（一五〇三―一五六六年）フランスの医師・占星術師。予言詩『諸世紀』で知られる。

（注2）ルードヴィヒ・ダインハルト　**Ludwig Deinhard**（一八四七―一九一七年）ドイツの神智学者。一九〇二年にシュタイナーを事務総長として神智学協会ドイツ・セクションが設立されたとき以来、その理事を務めた。

自然認識

事物をこのように見ると、ゲーテがハラー（注1）の誤った自然観について述べた言葉が真実であることが証明されます。ハラーは、「自然の内部へは、創造的な精神は突き進まない。自然の外面のみを見る者は幸いだ」と、言いました。ゲーテは、生来の素質をとおして、明視の境界まで突き進んだ人物でした。彼は、人間の意識的ないとなみと、心魂のいとなみの隠れた深みへの下降が関連していることを知っていました。そして、そこから宇宙の隠れた深みに入っていくことを知っていました。ゲーテは外界・自然と自らの生活をとおして、それを知っていました。ハラーは、外界の表面の認識のみを通用させようとしました。それに対して、ゲーテはつぎのように言いました。

「自然の内部へは、
創造的な精神は突き進まない」
そう言う君は、生半可な知識の俗物だ。
私と兄弟姉妹に
そんな言葉を
思い出させないでくれ。
いたるところで私たちは内部にいる、
と私たちは考える。
「自然の外面のみを見る者は
幸いだ」
この言葉を私は六十年間も、繰り返し聞かされてきた。

私はひそかに、この言葉に毒づく。
私は何千回も語る。
自然はすべてを豊かに与える。
自然には核も
外皮もない。
自然はすべてなのだ。
君は核なのか表皮なのか、
調べてみるといい。(注2)

(注1) ハラー　Albrecht von Haller（一七〇八―一七七七年）スイスの解剖学者・生理学者。スイスの植物を分類した。ここで取り上げられているのは、彼の『人間の美徳の偽り』のなかの言葉。
(注2) 自然の内部へは……　ゲーテの詩「確かに――自然学者に」。

謎の解明

本当に世界は謎に満ちている、と私たちは言うことができます。人間の意識のなかに入ってくるものは、心魂のいとなみの表面にすぎない、と私たちは言うことができます。しかし、正しい方法を用いれば、人間は生活の表面をとおして心魂の核にまで突き進めます。人間は心魂の深みに突き進むと、同時に、宇宙のいとなみを展望できます。ですから、私たちはゲーテとともに、こう言うことができます。

自然の考察においては、
いつも、一つを全てのように見なさねばならない。
何も中にない。何も外にない。
中にあるものが、外にあるからだ。(注1)

ただ人間は、隠れた内部を自分で見出さねばなりません。精神科学は、心魂のいとなみの隠れた深みを示唆することによって、単なる外的な科学とはまったく別の感受を人間のなかに呼び起こすことができます。私たちは、「外を見ると、謎だらけだ」と、認めます。自分の内面が謎に満ちているのを発見すると、この謎はしばしば戦慄を呼び起こします。この内部の力が、自分が直接体験するもののなかに上ぼってくるとき、あるいは、未知なるものが生成・提供しうるもののまえに、不安と期待をもって立つとき、私たちはしばしば戦慄を覚えます。人間は外界において、多くの謎に直面します。

しかし、正しい方法で外的な生活と内面生活とを比べると、私たち自身の内的な心魂のいとなみのなかに隠れた力が下方で活動しているのを感じます。その力は通常の意識の狭い輪のなかには突き進みません。しかし、地震のときに力が表面に突き出るように、地下の心魂の力が意識のなかに現われ出ます。

人間は自分の心魂の深みに下だって、つぎつぎと謎を解くことができるという確信を、私たちは希望に満ちて受け入れることができます。そうすると、「心魂のいとなみの隠れた謎が解明できるだけではない。私たちの心魂のいとなみを通過するに際して、精神世界への扉が開くときにも、謎がつぎつぎと解かれる。そして、外なる宇宙が解明され、展望が開ける」と、精神科学が約束するものに、希望が持てます。

自分自身を謎として把握する勇気を持ち、心魂を知覚の道具へと高めようと努めると、宇宙の霊性のなかでも大きな謎が解かれ、満足と人生の確かさに到るという希望と確信を持つことができます。

（注1）自然の考察においては……　ゲーテの詩集『神と世界』に収められた詩「エピレマ」の一節（エピレマはギリシアのアッティカ喜劇において、合唱のあとで行なわれる観衆への語りかけ）。

心と精神

死にゆくソクラテス

プラトン(注1)は、人間の精神が永遠であることを、あるイメージで表現しています。弟子たちのまえで、ソクラテス(注2)は死を目前にしていました。間もなく、偉大な師の死がやってくるにちがいありません。ソクラテスは死を目前にして、精神の存在の核は不死である、と語ります。人間のなかに生きるものは無に帰さない、とソクラテスが述べると、弟子たちは深く大きな印象を受けました。間もなく、弟子たちのまえにいるソクラテスから生命がなくなるでしょう。まもなく、肉眼で見ることのできるソクラテスは、もはや存在しなくなるでしょう。

このような状態で、まもなく弟子たちのまえから消え去る身体は価値あるものではない、ということをソクラテスは明らかにします。弟子たちの目に映るソクラテスが、人間の心魂と精神の偉大な教えを弟子たちに伝えた者ではないというのです。世界を徹底的に考察して、感覚界に依存しなくしたことを、彼は弟子たちに示します。感覚的印象、感覚的な欲望・願望を提供するものすべてが、真に賢明な世界考察によって、消え去ります。感覚が決して提供できないもののみが、賢者にとって価値あるものです。感覚が知覚するものが消え去っても、感覚が知覚できないものは不変です。

ソクラテスの口から語られる言葉が、外的な状況と矛盾するように見える瞬間、どんなに鋭く感動的な証明も、賢者の心からほとばしり出る直接的な確信より強く作用することはできません。このような状況で、死の荘厳とともにソクラテスの確信が語られました。その言葉は、どのように強い力をソクラテスが戦い取ったかを証明します。ソクラテスは、まもなくやってくる死という出来事に打ち勝ったのです。

この対話は弟子たちに、どのような作用をおよぼしたでしょうか。「私は、通常このような出来事を体験する者のような状態にはなかった」と、弟子のパイドンは述べています。苦痛も喜びも、彼の心に生じませんでした。彼は、あらゆる苦しみと快楽を越えていきました。死を前にしたソクラテスが与える教えを、パイドンは至福の安らぎと沈着さをもって受け取りました。

（注1）プラトン　**Plato**（紀元前四二七―三四七年）古代ギリシアの哲学者。ここでシュタイナーが取り上げているプラトンの作品は『パイドン』。『シュタイナー用語辞典』参照。

（注2）ソクラテス　Sokrates（紀元前四七〇—三九九年）古代ギリシアの賢人。『シュタイナー用語辞典』参照。

心魂の永遠性

このイメージを心魂のまえに据えると、私たちは二つのことを思いつきます。ギリシアの偉大な賢人プラトンは、人間精神の永遠性についての確信を、論理的証明・哲学的論究のみをとおして探求したのではありません。死を前にしたソクラテスに、その確信を語らせたのです。一つの経験、ソクラテスという人間の心魂のなかに生きるものとして、この確信が語られます。人間の心魂の永遠性についての問いに対する答えは、どのような状態においても与えられるものではない、ということをプラトンは示唆しようとしたのです。その答えは、私たちが精神の高みへと進化したときに初めて与えられる、と示唆しようとしたのです。

全生涯を心魂の内的な考察に捧げたソクラテスは、精神の高みに立っています。まなざしを内面に向けてみましょう。賢者は、自分の知っているものが自分のなかに生きているという確信から発する力を、私たちに与えます。その人物が認識したものは消え去りません。これが重要です。人間の心魂の不死は、どんな状況でも証明できるのではありません。人間の精神の永遠性についての確信は、努力して獲得しなければならないものなのです。

人間は心魂のいとなみを知らねばなりません。そのいとなみを知り、その特性のなかに沈潜すると、人間精神について知ることができます。心魂のいとなみが人間の内面で、確信の力となります。ちょうど、ある対象物の特性を知ると、その対象物について詳しく知ることができるのと同じです。決定的な瞬間に、プラトンはソクラテスに、この確信を語らせました。語られた真理が、感覚の印象すべてに矛盾するように見える瞬間に、この確信を語らせたのです。

弟子たちは何によって、この偉大な教えを理解したのでしょうか。何をとおして、この教えを会得したのでしょうか。ソクラテスの話の力によって、彼らは快楽と苦痛を乗り越えました。人間を無常・感覚・日常に結び付けるものを乗り越えたのです。こうして、人間はどんな状況においても精神の特性について知るのではない、ということが述べられています。自分を日常に結び付けるものを越え出たとき、日常の印象に由来する快と苦を越え出たとき、精神の特性について知ることができるのです。日常的なものは沈黙します。普通なら悲しみを引き起こす出来事が悲嘆を呼び起こさず、普通なら喜びを引き起こすものがもはや歓喜を呼び起こしません。このような祝祭的な瞬間に、精神の特性について知ることができます。そのような瞬間に、人間は最高の真理に敏感になります。

不死の問い

こうして、心魂の永遠性について神智学がどう考えているかを、私たちは理解するに到ります。神智学は不死を証明しようとするのではありません。人間が自らの内面で精神を知覚・体験できる状態になるための示唆・指導を、神智学は与えます。精神生活を開発することによって、精神の特性を知るのです。精神を観照することによって、精神の永遠性を直接確信できるということが、神智学者には明らかです。

私たちは肉眼に映る対象を、証明をとおして認識するのではありません。その対象物は知覚をとおして、自らの特性を私たちの肉眼に示します。通常とはまったく異なった形で、神智学者は人間の心魂の不死について問いを発します。「どのようにして私たちは、内的・精神的ないとなみを知覚できるか。いかに自分の内面に沈潜して、私たちの内面で精神が語るのを聞くか」と、神智学者は問います。

あらゆる時代に、この問いを理解できるよう、弟子を教育することが試みられました。そこでは、弟子たちが一定の準備期間を過ごすことが要求されました。精神生活についての教えを受け入れるまえに、数学に精通することをプラトンが弟子たちに要求したのは有名です。この準備には、どのような意味があったのでしょうか。数学の精神を、弟子たちは理解すべきでした。数学の精神は私たちに、感覚的な真理すべてを越えた高い真理を、最も基礎的な方法で提供します。私たちが目で見ることのできない真理、手で触れることのできない真理です。

円や数比を感覚的に目に見えるようにしても、図解したにすぎないことを、だれもが知っています。円の理論や三角形の理論は、感覚的観照から独立したものだということを、私たちは知っています。私たちは三角を黒板や紙に描きます。この感覚的な三角形をとおして、「三角形の内角の和は一八〇度である」という定理に到ろうとします。この定理は、どんな形の三角形にとっても真実であることを、私たちは知っています。私たちはこの定理を、感覚的印象・感覚的観照に依存せずに把握することに慣れています。最も簡単でありきたりの真理を、私たちはこのような方法で習得します。

数学は最もありきたりの超感覚的な真理しか与えません。しかし、数学は超感覚的な真理を与えるのです。数学は最も簡単で最もありきたりであるために、最も容易に私たちを超感覚的真理に到達させます。ですから、プラトンは弟子たちに数学の学習を要求し、超感覚的真理に達するようにしたのです。

超感覚的真理に達することによって、人間は何を学ぶのでしょうか。快と苦なしに、直接的・日常的な関心なしに、個人的な偏見なしに、真理を把握することを学ぶのです。なぜ数学的な真理は、明瞭かつ反論の余地なく、私たちのまえに現われるのでしょう。数学的真理の認識においては、興味や、個人的な共感・反感、つまり偏見が関与しないからです。「2×2＝

4」は、私たちの個人的利害には関係ありません。三角形の内角が何度かは、私たち個人には関係ありません。

あらゆる感覚的な興味、個人的な快と苦から数学は解放されていることにプラトンは注目して、弟子たちに数学の精神に精通するように要求したのです。こうして、個人的利害関係なしに真理を見上げることに慣れ、快と苦なしに、情熱・欲望を交えることなく、日常的な偏見を交えることなしに、真理へと高まることに人間は慣れます。そうなったら、通常は大きな偏見がこびりついた問いに関しても、真理を見るにふさわしくなったと判断されました。

数学から哲学へ

「2×2＝4」や「三角形の内角の和は一八〇度である」という数学の真理以上に、個人的利害関係、快・苦なしに取り扱える問いが、ほかにあるでしょうか。人間が心魂と精神についての最高の真理を、利害関係や快・苦から自由な光の下で見るようになるまでは、最高の問いに取り組むのにふさわしく成熟したとは見なされませんでした。快と苦なしに、人間は問いに取り組まねばなりません。日常のさまざまな機会に心魂のなかに現われるものを越えて、人間は高まらねばなりません。

快と苦と個人的興味が私たちの答えのなかに混じると、私たちは問いに対して本当に客観的に答えることができません。死にゆくソクラテスに、人間精神の不死について語らせたプラトンは、このことも言いたかったのです。不死をどんな状況でも証明することが問題なのではありません。「いかにして人間の心魂の特性を知覚するか。その知覚に達したら、確信はおのずと私たちの心魂から流れ出る」ということが大事なのです。

この認識が、弟子たちを実際的な方法で最高の真理へと導こうとする教育機関すべての基盤になっていました。多くの人にとって、「人間の精神は、誕生以前と死後にも存在するのか。時間のなかと永遠のなかで、人間の使命は何か」という問いは、興味なしに取り扱うことのできないものです。それは当然のことです。人間の個人的興味、希望と恐怖という、人間に絶えず伴う二つの感情が、精神の永遠性の問いに結び付いています。それは自然なことです。

精神生活の最高の問いが弟子たちに伝授される場所は、古代には密儀学院と呼ばれました。密儀の場所では、このような問いについて、抽象的に弟子に教えられたのではありません。弟子の心魂・精神・人格全体が、この問いを正しく把握できる状態になったときに、初めて真理が伝えられました。

その状態は、快と苦を越えて、いつも人間を縛り付けている「恐れと望み」から去った状態にほかなりません。この情熱・感情内容を、まず人間から遠ざけねばなりません。恐怖と希望を取り除いて、弟子は真理に取り組まねばなりません。恐れと望みを取り除くのが、弟子に課せられた準備でした。この準備を経なければ、問いに対する答えは与えられませんでした。情熱の浄化、快と苦の浄化、恐怖と希望の浄化が、不死の問いを取り扱うことのできる山頂に登《とう》攀《はん》する条件でした。

精神において数学に没頭する者は、純粋に客観的に数学に取り組んでいます。同様に、弟子は情念なしに、恐れなしに、望みに悩むことなしに、精神の目で見ることができます。

理念の現実性

何よりも、人間の心魂は快と苦として表現されます。個人の内的な体験、本源的な体験は快と苦です。心魂が精神に達することができるためには、まず快と苦が純化されねばなりません。通常の人間の場合、快と苦は感覚の印象に縛り付けられています。個人の直接的な経験に縛り付けられています。人間は自分の欲望、自分に興味のあることに縛り付けられています。通常、何が私たちに快と苦を引き起こすのでしょうか。私たち個人が興味を抱くものが、快と苦を引き起こすのです。

私たちに快と苦を感じさせるものは、死とともに、多かれ少なかれ消え去ります。私たちに快と苦を与えるものを、私たちは高次の認識のために捨てなくてはなりません。快と苦から離れ、日常の関心から退いて、私たちはまったく別の世界に導かれなくてはなりません。人間の快と苦、心魂の願望は、日常・感覚を越えて高まり、精神の最高の体験に結び付かねばなりません。この願望・欲望をもって、通常は影のような抽象的存在の実際の姿を見上げねばなりません。日常の人間にとって、純粋に非感覚的な思考よりも抽象的なものが他にあるでしょうか。快と苦が付着した日常の人間は、最も簡単で平凡な超感覚的真理を避けます。多くの人が数学を避けるのは、日常的な興味、快と苦へと導かないからです。

弟子は密儀学院で、日常的な快と苦から清められねばなりませんでした。自分の内面に生きる思考像、幻影のように過ぎ去る思考像を、弟子は愛さなくてはなりませんでした。人間の心魂が日常に愛着するごとく、弟子は思考像を愛さなくてはなりませんでした。情熱と衝動の変化は「メタモルフォーゼ」と呼ばれました。新しい現実が弟子に示され、新しい世界が弟子に印象を与えます。

理念界は通常の人間を冷たく、無味乾燥にさせます。弟子の快と苦が理念に結び付き、理念を現実的なものとして見上げると、理念は机や椅子のような現実性を獲得します。抽象的に理念界と名付けられた世界が、自分の心魂を動かし、熱狂・没頭させるに到ります。

人間は通常の感覚的現実を見たり触れたりし、そのなかで活動します。そのように、通常は影のような現実性しか有さない思考が人間を取り囲みます。そのなかで人間は生き、活動するに到ります。人間にこのような変化が生じると、精神が周囲から自分に語りかけるようになります。そうすると、この精神を、生きた言語のように体験します。そうして、あらゆる事物のなかに言葉が受肉しているのを知覚します。

外を見て、無機的な鉱物が周囲にあると、鉱物が自然法則に支配されているのを私たちは見ます。鉱物が重力・磁気・熱・光の法則に支配されているのを見ます。これらの存在を支配する法則を、人間は思考をとおして明らかにします。しかし、この思考は具体的な現実性をもって人間に語りかけはしません。自分の手で触れ、目で見ることのできるものではありません。

しかし、人間のなかで変容が生じると、人間は自然法則のような、単なる影像だけを考えるのではなくなります。影像が精神の、生きた言語を人間に語りはじめます。周囲の世界から、精神が人間に語りかけます。植物、鉱物、さまざまな属の動物から、願望のなくなった人間、苦のなくなった人間に、精神が語りかけます。

精神への移行

神智学は理念界・精神界について語るとき、抽象的な真理ではなく、具体的な真理を説明します。論理的証明ではなく、進化を説明します。証明すべきものについてではなく、将来の人間のあるべき姿について、神智学は語ります。心魂を純化した人間に、自然はいままでとは別様に語りかけます。その心魂は、もはや日常的なものに執着しません。その人は、通常の苦痛、通常の苦悩・歓喜を、もはや感じません。事物の精神から流れてくる高次の苦痛と歓喜、高次の至福を感じます。それを神智学的な倫理学は、イメージ言語によって表現しています。人間の感覚が事物に対する通常の苦痛と喜びを乗り越えたときに、人間は最高の真理を認識できます。

このことを神智学は、二つの美しいイメージで表現しています。目は、通常の意味で喜びと苦しみをもって事物に執着しているかぎり、周囲の精神を知覚できません。耳は、日常のことがらに敏感であるかぎり、私たちの周囲の霊的事物が語る生きた言葉を聞き取ることができません。ですから、人間が精神の認識へと到達しようとするときに取り組まねばならないことがらを、神智学は二つのイメージで語っています。

目は、見えるようになるまえに、
涙が涸《か》れていなくてはならない。
耳は、聞くことができるようになるまえに、
感覚を失っていなくてはならない。(注1)

精神に帰依する目は、日常的な意味での喜びの涙、苦痛の涙をもはや流しません。人間がこ

の進化段階に到ると、自己意識はまったく新たな方法で語るようになるからです。私たちの内面の覆い隠された至聖所を、私たちはまったく新たな方法で見るようになります。人間は精神世界に属する者として、自らを知覚します。自分はあらゆる感覚的なものを越えた、純粋で気高い者だ、と知覚します。感覚的な意味での快と苦を捨て去ったからです。そうすると、人間は内面に、自らの自己意識を知覚します。その自己意識が人間に、数学的な真理のように、利害関係なしに語りかけます。数学的な真理は、永遠の意味を有しています。数学という超感覚的な言語が私たちに示すものは、時間・空間から独立した真実です。

心魂が浄化されて、精神的な次元の快と苦へと高まったとき、私たちの心魂のまえに現われるものが時間と空間から独立して、内面で私たちに語りかけます。そうすると、永遠が私たちに語りかけます。そのように、死にゆくソクラテスに永遠が語りかけたのです。そして、精神性が直接、弟子たちに移っていきました。死にゆくソクラテスに接した経験から、弟子パイドンは「精神が直接わたしたちに語ろうとするとき、通常の意味での快と苦は有害だ」と語ります。

（注1）目は、見えるようになるまえに……　メイベル・コリンズ『途上の光』（邦訳、『道の光』竜王文庫、『道を照らす光』村松書館）の一節。コリンズは英国の作家。代表作『蓮華の書』（水声社）。

催眠術の作用

私たちはこれを、通常「異常」と言われている人間のいとなみの現象において観察できます。この講演の前半で私が述べたことは、その現象から遠いように見えます。しかし、よく考えると、先に考察したものは異常な現象に非常に近いのです。催眠・夢遊病・透視など、通常、異常な心魂状態と言われる現象です。

人間の生活において、催眠は何を意味するでしょう。催眠と言われる、睡眠に似た状態にだれかを置こうとするときになされるさまざまな行為を、私は語ろうと思います。何か光っているものを見たり、特別の方法で注意がそれに集中したりすると、催眠状態に陥ります。あるいは、「いま、あなたは眠ります」と言われただけで、催眠状態に陥ります。

こうして、通常の昼の意識が消え去った催眠状態、一種の睡眠を引き起こすことができます。このような方法で催眠状態に置かれた人は、催眠術師の命ずるまま、通常の刺激や印象なしに、立ったり座ったりします。催眠術にかかった人に針を刺したり、叩いたり、手足を別の位置にしたりしてみます。目覚めているときなら、痛みや快感、くすぐったさなどを感じるはずなのに、催眠状態にあると、何も感じません。通常の一般的な意味では、催眠状態にある人から、快と苦がなくなっています。

快と苦は、身体と精神のあいだに位置する心魂の、本来の基本的特性です。催眠状態において、何が閉め出されるのでしょうか。身体・心魂・精神という三つの基本部分のうち、心魂が取り除かれるのです。催眠術師が行なうのは、人間から心魂を取り除くことなのです。催眠術にかかった人は、通常の意味で快と苦を感じることがありません。活動的ではありません。心魂が通常に機能していれば痛みを感じるはずのことをされても、痛みを感じません。

催眠術にかかった人に話しかけ、何かを命じてみます。「立って、三歩進みなさい」と言うと、その命令を実行します。もっと込み入った命令を、いろいろ下だすことができます。感覚的な対象、たとえば梨を置いて、その人に「これはガラス玉だ」と言ってみます。その人は、そうだと信じます。自分のまえに感覚的に存在するものは、その人にとって意味がありません。「これはガラス玉だ」と言うと、それがその人にとって決定的になります。「あなたの前には、何がありますか」と訊くと、「ガラス玉です」と答えます。

催眠状態の原因

催眠術師の精神、催眠術師が考えること、催眠術師の思考から発するものが、催眠術にかかった人の行動に直接作用します。その人の身体は自動的に、催眠術師の精神の命令に従います。なぜ、命令に従うのでしょうか。心魂が除外されているからです。心魂が身体と精神のあいだに入っていないからです。心魂が快と苦を伴って活動し、苦痛を感じる能力、単純な知覚能力がふたたび現われると、心魂はその命令を実行すべきかどうか、他人の思考を受け入れるかどうかを、決定します。

みなさんが通常の状態で他人に向き合うと、その人の精神がみなさんに作用します。その人の精神、その人が考えること、意志することは、まず、みなさんの心魂に作用します。それは快と苦として、みなさんに作用します。そして、みなさんは他人の思考・意志に対して、どう振る舞うべきかを決めます。

心魂が取り除かれ、心魂が黙すると、心魂はみなさんの身体と他人の精神のあいだに入り込みません。そうして、鉱物が自然法則に従うように、身体は催眠術師から受ける印象、催眠術師の精神に無意志に従います。催眠術の本質は、心魂を取り除くことです。そうすると、自分以外の思考、見知らぬ思考が、自然法則と同じ力をもって、眠りに似た状態にある人に作用します。精神的な力と身体のあいだに入り込んだものが、自然法則のように作用します。心魂が作用するのです。みなさんの精神と身体のあいだに、心魂が入っています。私たちが把握する思考内容、私たちが思考的に把握するものは、自分の個人的な願望に変化します。そして、私たちが快と苦の観点からその思考内容を正しいと思うと、それは実行されます。別の言葉で言いかえると、まず私たちの精神が私たちの心魂に語りかけ、私たちの心魂が私たち自身の精神の命令を実行するのです。

さて、「心魂が取り除かれ、催眠術にかかった人が催眠術師に向かい合うとき、なぜ人間の最高の構成要素である精神が、催眠術師に向かい合わないのだろう。なぜ、精神はまどろんでいるのか。なぜ、人間の精神は不活発なのか」という、問いを投げかけることができます。

人間が地上に生きているあいだ、精神・心魂・身体の協同が本質的であることを知ると、この謎は明らかになります。精神が周囲の世界、感覚的現実を理解するのは、心魂が仲介するときのみです。

私たちの目が外から印象を受け取り、その印象が私たちの精神に突き進むためには、心魂が仲介者として存在していなくてはなりません。私は、ある色を知覚します。目の組織をとおして、外的な印象が仲介されます。精神は色彩について熟考します。精神が思考内容を作ります。しかし、思考と外的印象のあいだに、心魂の反応が入り込みます。心魂の反応が入り込むことによって、印象は初めて心魂みずからの内的生命になり、心魂の体験になります。

地上の人間の場合、自らの心魂のみに精神は語りかけます。催眠術によって心魂を締め出すと、催眠術にかかった人の精神は、もはや自らを表明できません。精神が自らを表明する器官、精神が活動できる器官が、催眠術によって取り去られたのです。精神を人間から取り去るのではありません。心魂を締め出して、不活発にするのです。人間の精神は、心魂のなかでのみ活動します。精神自身は身体のなかで活動できません。

ですから、「彼は無意識状態にある」というのは、「彼の精神は活動していない」ということにほかなりません。催眠術にかかった人が、どうして催眠術師から発する精神的な印象を受け取りやすくなるかが理解できます。自分と催眠術師のあいだに心魂が入り込んでいないので、暗示を受けやすくなるのです。そのような状態では、他者の思考が直接的な自然力になります。思考が創造的になります。思考が創造的になり、全自然のなかで精神が創造的になります。ただ、精神・思考は直接には現われません。

精神の知覚

催眠術において、また、催眠術に似た異常な状態において心魂が除外されることによって、人間の意識・精神は不活発になります。催眠術などによって、人間は無意識状態に置かれます。眠っている人を別の部屋に移して、そこで眠らせておくと、何が起こるでしょうか。その人のまわりにいろんな事物がありますが、眠っている当人は知覚しません。自分の周囲について、何も知りません。その人を起こさないように気をつけて、また元の部屋に戻してみましょう。最初に眠っていた部屋に戻すのです。その人は、自分が知らないあいだに別の部屋に移されていたことについて、何も知覚していません。私たちにとって周囲が「現実」かどうかは、私たちが周囲を知覚しているかどうかに懸かっています。多くのものが私たちのまわりに実際に存在しているのですが、私たちはそれらを知覚しないので、知らずにいます。知覚しないので、私たちは周囲にあるものと関連しません。

催眠術にかけられた人は、このような状態で催眠術師に向かい合います。催眠術師から力が発します。催眠術師の思考から精神力が作用します。その力が催眠術師から、催眠術にかけられた人に入っていきます。しかし、催眠術にかかった人は、そのことについて何も知りません。催眠術にかけられた人は話をしますが、催眠術師の言うままにしか語りません。通常の生活において、人間は自分自身を見ています。催眠術にかかった人は、自分を見ることなく活動します。自分の活動の対象を観察せずに行動します。

催眠術にかかった人は、催眠術師の精神に向き合います。眠っている人が別の部屋に移されて、周囲で起こっていることを何も知らないのと同じ状態です。精神の語りかけを受け入れる状態に、人間を繰り返し陥らせることができます。さて、いつも周囲から精神が皆さんに語りかけています。私たちの周囲にあるものは、すべて精神をとおして作られたからです。自然法則とは精神です。催眠術師が催眠術にかかった人に働きかけるとき、催眠術師のなかで精神が活動するのと同じです。ただ、人間は通常、影のような思考の姿でしか、この精神を知覚しません。

明視への進展

さて、人間は催眠術にかかったような精神状態ではなく、正常・通常の目覚めた状態にいます。しかし、精神的周囲に対する感覚・知覚能力が開かれていません。周囲に存在する神霊を知覚する能力が開かれ、私たちの周囲にある精神界の事物が、はっきりと聞き取れる言語を私たちに語るのは、催眠術にかかった人が催眠術師に向き合うのに似た状態のときだけです。催眠術にかかった人は、苦痛を感じません。針を刺されたり、叩かれても、知覚しません。通常の意味での快と苦は消え去っています。

プラトンが弟子たちに要請し、密儀司祭が弟子たちに要求したような人間の高次の進化状態を、神智学的世界観は考察すべきです。通常の生活、目覚めた昼の意識において、日常の快と苦、私たちの目から涙を流させるもの、私たちの耳を敏感にさせるもの、私たちを恐れと希望で満たすもの、つまり日常の対象物を消し去り、この世界から解放されて、自分の精神を変化させます。そうすると、催眠術にかかった人が催眠術師に向かい合うのに似た状態に、完全な意識をもったまま到れます。そのとき、私たちの目と耳は、通常どおりの活動をします。私たちは、目覚めた昼の意識を有します。しかし、この目覚めた昼の意識のなかで、通常の意味での日常の対象物に触れるのではありません。人間に変化が生じねばなりません。事物のなかで語る神霊存在を、苦と快なしに知覚しなければなりません。催眠術にかけられた人が異常な状態で、催眠術師の思考と言葉を受け取るように、人間は周囲の神霊の言語を、苦と快なしに受け取らねばなりません。

この領域においては、経験のみが決定的です。人間が通常の意味で数学的な真理に向き合うように、精神的な真理に客観的に、快と苦なしに向かい合います。そして、神智学的な倫理の指導原理がある程度まで満たされると、周囲の神霊が人間に語りかけます。そのとき、精神は感覚の印象に結び付きません。感覚に知覚されるものが、催眠術にかかった人に作用しないのと同じです。催眠術にかかって快と苦がなくなった人に、催眠術師は働きかけます。同様に神霊は、快と苦のなくなった明視的人間に作用します。目覚めた昼の意識において、周囲の世界に対するそのような敏感さを持つためには、発展を遂げることが必要です。完全に機能する悟性、完全に活動する理性をもって事物のあいだを通過しながらも、神霊が私たちに語りかけるようにします。「明視というのは、人間存在をある進化段階にもたらし、人間が快と苦なしに周囲の世界を知覚できることにほかならない」ということです。

自分のなかで情熱と欲望が沈黙し、影のような思考と言われるものに、周囲の感覚的印象に対するような帰依・敬慕を抱くに到るまで、人間は進歩します。通常の人間は、自分のまわりの事物を好みます。しかし、情念のない状態、欲望のない状態を愛することができると、人間は自分のまわりの神霊を知覚するに到ります。そうすると人間は、日常生活において望まれるものをもはや欲求せず、精神的な願望を抱きます。

そうして、高次の望み、純化された心魂に浸ることをとおして、人間の思考は活動的な力になります。通常の人間は、自らの精神的内面、思考・理念・精神的現実と、その他のものとのあいだに、快と苦、個人的願望をもった心魂を差し挟んでいます。そのために、人間の思考は単に抽象的な思考になっています。

個人の消去

これが、なぜ私たちの思考がまず心魂に受け取られねばならないかの理由です。私たちの思考は、個人的なものになって、効力を発します。個人的な願望が、個々人の思考に寄り添います。私は理想を持つと、その理想を個人的願望として、現実化します。自分のまえに輝く思考を実行するには、私は個人として、その思考に興味を持たねばなりません。日常生活においては、そうです。私は個人として、思考内容・意志決定を望ましいものと思わねばなりません。

私の個人的な願望は、普通なら時間と空間から独立しているはずの思考内容に縛り付けられます。本当の思考は、あらゆる時代に通用するものです。この個人的な願望から抜け出ると、密儀の司祭が弟子たちに要求したような意味で、私たちの願望は変化します。私たちの心魂の力すべてが、個人的な興味に縛り付けられなくなります。私たちは純粋に精神のなかに生きるものを、愛と献身に満ちて追及するようになります。そして、私たちのなかに生きる思考内容、私たちのなかに生きる精神は、日常におけるような鈍く抽象的なものではなくなります。

そうなると、思考は心魂の体験をとおして外界に突き進む必要がなくなり、人間の最も内なる精神から外界に流れ出ます。直接的な自己に触れられることも、個人的な自己を通過する必要もありません。思考は外界によって鈍くならず、自然の力のように、私たちに近づきます。思考は結晶の力のように、私たちに近づきます。鉄屑を配列させる磁気の力のように、私たちに近づきます。自然のなかで私たちを取り囲む現実の力のように、願望のない思考は私たちの周囲、私たちのまわりの現実に作用します。世界認識・人間認識は、個人的な願望を取り去った思考内容にすると、別の意味で実り豊かになります。そうすると、進歩した人間から思考の力が同胞に移っていきます。

そうして、本当に無私の思考が、有機的な自然力として現われます。単なる学者ではなく、人類に叡智をもたらした偉大な賢者が同時に治療者であったと、いたるところで語られます。彼らから発する力が人々を助け、人々を心身の苦しみから解放しました。彼らが進歩して、思考が力になったので、そのようなことが可能だったのです。その力をとおして、精神が直接、世界のなかに流れ込むことができます。このように、本来は自己のみに仕えている、願望から自由な認識の力、無私の認識の力が、人々のなかに流れ込みました。そのような力が、精神的な意味で治療することを可能にします。

そのような霊的治療の条件は何か、原則的なことだけを、きょうは話しましょう。神智学的な意味において、人間が狭い日常的な自己を越え出ることが、いわゆる霊的治療への準備になります。ある意味で、明視者・治療者になろうとする人間は、自分の心魂的私生活、自分個人に属するものを消し去る必要があります。そうすることによって、無情・鈍感にはなりません。そのような人は、以前よりも敏感で繊細になります。そのような人は、日常生活におけるのとは異なった敏感さを発展させます。ずっと高い種類の敏感さを発展させます。

教育者の課題

目の代わりに、光の印象を受け取る色素斑のみを有する下等動物の敏感さは、人間の敏感さに勝《まさ》っているでしょうか。人間は視紅のなかで受け取る印象を、周囲の世界における色彩の知覚へと変化させる点において、下等動物と異なっているでしょうか。人間の目が下等動物の色素斑に勝っているように、明視者の霊的有機体は未発達な人間の有機体より進化しています。

個人的なことがらの消去は供犠なのです。自分個人を消去すると、私たちの周囲の世界のなかで、神霊の声が解き放たれます。個人を消去することによって、自然のなかの謎が解かれます。私たちは自分の心魂世界を消去しなくてはなりません。通常の意味での快と苦を、私たちは克服しなくてはなりません。それが、認識と高次の進化のために必要です。

ある意味で、自らの人格の消去は、日常の人間生活・教育にとって非常に重要な個々の課題に際しても必要です。子どもの誕生から成長期をとおして、人間存在の最も内なる核のなかで精神が発展すべきです。精神は最初は身体のなかに安らいでおり、子どもの心魂の活動の内部に隠れています。関心を持ってこの精神に向き合い、子どもを私たちの関心に結び付けると、私たちの精神が子どものなかに流れ込みます。そうして、私たちは根本的に自分のなかにあるものを、子どものなかで発展させます。私たちの願いと欲望が子どもの教育において活動する、と言っているのではありません。教育者は悟性的・理性的に考えるようになりすぎている、と言っているのです。子どもの精神は、教育者から発展の機会を与えられ、まったく自由に妨げなく発展できるときにのみ、ふさわしく成長していけます。そのことを、教師は考慮していません。

見知らぬ精神を、私たちはまえにしています。教育者は、未知の子どもの精神を自らに作用させねばなりません。催眠術において、異常な状態において、精神は直接人間に作用することを、私たちは知りました。子どもが私たちのまえにいると、別のかたちで、子どもの精神が直接わたしたちに作用します。私たちは、高次の活動におけるように、自分を消し去ることができきるとき、子どもの精神を育成することができます。私たちは自分の自己を交えずに、私たちによる教育を信頼する子どもの精神に仕えることができます。この精神は、私たちによって、自由に発展する機会を与えられます。利己的な概念と要求を子どもの精神に向けて流しているかぎり、私たちの性格の特徴はこの精神に対立します。そうしているかぎり、私たちは子どもの精神を見ることができません。快と苦に巻き込まれた目が、世界の精神を明視的に見ることができないのと同じです。

神智学の理想

日常の段階で、教育者は高い理想を満たさねばなりません。完全な無私という原則を把握し、自分の自己を消去できると、この理想を実現できます。自らの自己の消去という犠牲をとおして、私たちは周囲の神霊を知覚します。異常な方法で快と苦をなくすと、私たちは神霊を異常な状態で知覚します。正常な状態で、完全な昼の意識で快と苦をなくすと、私たちは明視的に神霊を知覚します。

そして私たちは、無私に子どもの精神を教育し、指導すると、正しい思考で子どもを導けます。この無私の理想に向けて、教師は日々、努力しなくてはなりません。この無私の理想のみが、教育者を導くことができます。ここに、私たちの文化の進化の必要性があります。この領域に、本当の無私の態度を作らねばなりません。ですから、何よりも教育に、神智学が創造的に関与できます。この領域で、神智学は人類に最も奉仕することができます。

神智学に献身している人は、無私の発展をとおして、精神のための感覚を開くことを次第に学びます。そのような人は、教育活動のために最良の土台を形成し、神智学的な意味で人類の教育のために働きます。何よりも、教育者はこのことに注意する必要があります。その他の点では、神智学的ドグマ、神智学的原則を、各々の機会に誇示する必要はありません。ドグマ・原則・教義が重要なのではありません。生活が重要なのです。無私から、そして精神を知覚する能力から発する力を生かすことが大事なのです。それが重要なのであり、教育者が神智学の教えを受け入れることが重要なのではありません。

成長する子どもたちを謎として見ることをとおして、人は神智学者になります。教育者は子どもの精神を形成・発展させねばなりません。どの子も、教育者が解くべき自然の謎です。このような態度・見解の教育者は、最良の意味で神智学者です。こうして人間は、本当の神聖な畏怖をもって、子どもに接近します。そして、「まことに汝らに告ぐ。我が兄弟なるこれらのいと小さき者の一人に為したるは、すなわち我に為したるなり」(「マタイ福音書」二五章四〇節)というイエスの言葉を理解します。「君たちは、私の兄弟の最も取るに足りない者のなかに神的な精神を認識して育成した。君たちはそれを、人間になった神である私に行なったのだ」という意味です。

このような見解に貫かれた者は、まったく別様に人々に向かい合います。その人は、「兄弟たちの最も取るに足りない者」のなかに、発展していく精神を見ます。このように、各人を自然の神聖な謎として考察すると、その人は同胞との関係のなかで、畏怖・畏敬・敬意に満たされます。

この真剣さから、各人のなかの神的な精神の核への畏敬・敬意が発生できます。人間はまだ途上にあって、目的から遠く隔たっているかもしれません。私たちの目的は、無限に遠い前方にあります。神智学的な倫理学が美しい言葉で示した途上に、私たちはいます。

目は、見えるようになるまえに、
涙が涸れていなくてはならない。
耳は、聞くことができるようになるまえに、
感覚を失っていなくてはならない。

心の開発

三つの道

きょうは、認識の道を叙述し、認識の道がどのような実りをもたらすかを示そうと思います。精神科学の弟子たちの親密なサークルでのみ可能なように話してみるつもりです。主として、薔薇十字(注1)的な精神の流れをとおして一四世紀以来、世には知られず文明を導いてきた認識の道を取り上げるつもりです。

一九世紀中葉まで、薔薇十字運動は秘密のうちに活動してきました。本当の薔薇十字精神は書物に書かれたり、おおやけに語られたりすることはありませんでした。一九世紀後半になって、薔薇十字の教えのいくつかが神智学運動をとおして世間に知られるようになりました。それ以前は、薔薇十字の教えは厳しく閉じられた同志のあいだだけで教えられてきました。その教えのなかの、最も基礎的なものは、今日、神智学のなかに含まれています。ただ、最も基礎的な教えだけです。人間は次第に、一四世紀末以来、薔薇十字の学堂で育成されてきた叡智を、もっと深く洞察できるようになるでしょう。

まず最初に、ただ一つの認識の道があるのではなく、三種の道があるということを明らかにしておきたいと思います。三つの真理がある、ということではありません。山頂に立つ人は、だれでも同じ光景を眺めるように、真理は一つです。しかし、山頂に到る道はいくつかあります。登っていく途中で、さまざまな光景を見ることになります。さまざまな側から山頂に到れますが、山頂に立つと、一つの見晴らしが開けます。そのように、三つの認識の道があります。一つは東洋的なヨーガの道です。第二は、キリスト教的・グノーシス(注2)的な道です。三番目は、薔薇十字的な道です。この三つの道が、同一の真理に導きます。

(注1) 薔薇十字　クリスティアン・ローゼンクロイツを始祖とする秘教運動。『シュタイナー用語辞典』参照。

(注2) グノーシス　一世紀に地中海沿岸で起こった、霊知による救済を説く思想。『シュタイナー用語辞典』参照。

三つの特徴

地上における人間の本性がさまざまなので、三つの道があるのです。人間の本性には三つのタイプがあります。山頂に登る者が、自分に近い道を選ばずに、遠い道を選ぶのが誤りだとすると、自分に適さない霊的な道を選ぶのもよくないことです。まだ端緒についたばかりで、これから発展していくべき神智学運動のなかにも、このことに関しては混乱した考えが見られます。ただ一つの認識の道があり、それはヨーガの道だ、という考えがあるのです。東洋的なヨーガの道が唯一の道ではありませんし、ヨーロッパ文化のなかで生きている人に適した道でもありません。

ものごとを外部からのみ洞察する人は、何が問題なのか、ほとんど洞察できません。人間の本性は基本的に、さまざまな人種によってそんなに異なっているようには見えないからです。しかし、神秘的な認識力によって人間の諸タイプの相違を考察すると、東洋の人間、そして少数のヨーロッパ人にとってよいものが、みんなにとってよいものだとは言えない、ということが分かります。ヨーロッパ文化のなかには、東洋的なヨーガの道を歩みうる人は、わずかしかいません。たいていのヨーロッパ人には、この道は歩みがたいものです。ヨーロッパ人がヨーガの道を歩むと、幻想に陥り、心魂が破壊されます。

今日の学者が外的に見ても、東洋的本性と西洋的本性は、とても異なっています。東洋人の脳、東洋人のファンタジー、東洋人の心臓は、西洋人の器官とはまったく異なった作用をします。東洋的な状況に育った人に期待しうることを、西洋人に要求することはできません。気候、宗教、社会生活が人間の精神にいかなる影響も及ぼさないと思う人だけが、どのような外的な状況の下でも、一つの神秘修行がなされるのだ、と考えるのです。外的な状況が人間の本性に深い精神的影響を与えることを知ると、ヨーガの道は徹底的にヨーロッパ的な状況から離れようとする、わずかのヨーロッパ人にしか適していないことが分かります。このような道は、ヨーロッパ文化のなかに生きている人間には不可能です。

今日でもまだ誠実で正直なキリスト教徒であり、キリスト教の公理に浸っている人は、キリスト教的・グノーシス的な道を選ぶことができます。この道は、カバラ[注1]の道と大きく異なるものではありません。しかし、近代人にとっては、薔薇十字の道が唯一正しい道です。

きょうは、この薔薇十字的な修行について話します。この認識の道を進んだときに得られる成果についても話します。

この道は学識豊かな人のための道である、と思うべきではありません。素朴な人も、この道を歩むことができます。しかし、この道を進むと、まもなく、神秘学に対するヨーロッパの学問の側からの異議に直面することになります。「認識の道を歩む者に装備を整えさせて、神秘的知識を守り、この道を歩み通すことを可能にさせる」のが、薔薇十字の導師の主要な課題です。現代の科学に関してポピュラーなことがらぐらいは知っているか、あるいはまったく知らない素朴な人も、誠実な真理への衝動を内に有しているなら、識者と同様に、薔薇十字の道を歩むことができます。

（注1）カバラ　ユダヤ教における秘教。神を直接認識することを目指し、その体系は「セフィロトの樹」として表わされる。『セーフェル・イェツィーラー』『セーフェル・ハ・バーヒール』『セーフェル・ハ・ゾーハル』が基本文献。

師弟

この三つの認識の道のあいだには、大きな相違があります。まず、弟子と導師との関係です。東洋のヨーガの道においては、導師と弟子との関係は、考えうるかぎり最も厳しいものです。導師は弟子にとって絶対的な権威です。そうでないと、ヨーガの修行は正しい成果をもたらしません。導師の権威に厳密に従うことなしには、東洋のヨーガの修行は不可能です。

キリスト教的・グノーシス的な道、およびカバラ的な道では、物質界の導師と弟子との関係は、もっとゆるいものです。そこでは、導師は弟子をキリスト・イエスに導く仲介者です。

薔薇十字の道においては、導師は弟子の友人であり、その権威は内的な同意に基づくものです。個人的な信頼関係しかありません。わずかでも弟子と導師のあいだに不信が芽生えれば、両者の絆は崩れます。そして、弟子と導師のあいだに作用していた力は、もはや作用しなくなります。

導師の役割について、弟子は時折、誤った表象を抱きます。どうしても導師と語り合わねばならず、物質的に共にいなければならないかのように思われるのです。導師が物質的に弟子の近くにいることが必要なことがしばしばあるのは確かですが、弟子が思っているほど頻繁に近くにいる必要はありません。

導師が弟子におよぼす作用を、弟子は最初のうち、正しく判断することができません。しだいに弟子にも明らかになってくる手段を導師は有しています。弟子には偶然に語られたと思われる導師の言葉の多くが、大きな意味を持っているのです。その言葉は弟子の心魂のなかで無意識に作用しつづけ、弟子を導く力になります。導師が神秘的な影響力を正しく行使するなら、導師と弟子のあいだに現実的な絆が生まれます。さらに導師には、愛情に基づいた遠隔作用が可能です。その作用は、弟子が高次の世界への入り口を見出したときに、明らかになります。必要なのは、絶対的な信頼です。信頼できないなら、師弟関係を解いたほうが賢明です。

思考

薔薇十字的な修行のなかで重要な役割を果たす規則について話しましょう。ただ、これから話すように正確に進行する必要はありません。弟子の個性・職業・年齢によって、導師はいくつかの修行法を選び出し、さまざまな示唆を与えます。ここでは、概略を話します。

薔薇十字的な修行においてまず必要なことが、ほかの神秘修行においては十分に留意されていません。明晰で論理的な思考です。明晰で論理的な思考への努力が必要です。混乱した思考、偏見のある思考を、すべて捨てなければなりません。世界の関連を没我的な、大きな観点から思考することに慣れる必要があります。そのための最良の道は、精神科学の基本的な教えの研究です。「高次の世界、人種、文化、カルマと輪廻転生について研究することが、私にとって何の役に立つのか。私はそれらを自分で見たり、知覚したりできないのに」という異議は、正当なものではありません。

それらの真理に取り組むことによって、思考が純化されるのです。そして、そのことによって、神秘的な道に導くその他の手段にも成熟するようになります。人間は通常、非常に無秩序に思考しています。人間の進化と惑星の進化について、神秘学が大きな観点から解明した内容が、思考を秩序あるものにします。

この修行は「研究」と呼ばれます。ですから、導師は弟子に、輪廻転生とカルマ、精神界・心魂界・物質界、アーカーシャ年代記、地球と人種の進化に関する基本的な教えについて考えさせるのです。今日広まっている基本的な精神科学の概要が、素朴な人々にとって最良の準備になります。

しかし、より鋭く思考のなかに入っていき、人間の心魂の基本構造にもっと集中的に取り組みたい人は、思考を規律あるものにするために書かれた本を研究対象に取り上げるとよいでしょう。そのような目的のために書かれた本は、神智学という言葉は使われていないのですが、『真理と学問』(注1)と『自由の哲学』です。この二冊の本は、いま述べた目的をもって書かれたものです。論理的思考を精力的に修練して、さらなる研究に到ろうとする人は、これらの本が要求している「心魂と精神の体操」を試みるのがよいでしょう。そうすることによって、薔薇十字的な研究の基盤が得られます。

物質界を観察する人は、感覚的印象を知覚します。色・光・熱・冷たさ・香り・味、触覚・聴覚をとおして入ってくる印象です。それらすべてを、人間は思考活動・悟性活動に結び付けます。悟性・思考は、まだ物質界に属しています。それらすべてが、物質界で知覚されます。

アストラル界における知覚は異なっています。まったく別様に見えるのです。神界における知覚は、また異なっています。さらに上位の領域においては、なおさらです。高次の世界をまだ洞察していない人も、このことについてイメージを思い描くことができます。これらの世界のイメージを与えることを、私は試みてきました。高次の領域に上昇する人は、それらのイメージの作用を自分で見ます。それぞれの領域で、人間は新しい経験をします。

しかし、神界に到るまで、あらゆる世界を通じて同一にとどまり、変化しないものが一つあります。それが、論理的に修練された思考です。ブッディ界(注2)に到って初めて、思考は物質界と同様に通用するものではなくなります。そこでは、別の思考が現われなければなりません。しかし、ブッディ界より下の三つの世界、物質界・アストラル界・神界には、同じ思考が通用します。物質界において、研究をとおして思考を規律正しく修練すると、高次の世界において、この思考がよい導き手になります。混乱した思考をもって霊的な領域に上昇しようとする人は躓《つまず》きます。思考を規律あるものにすることによって、薔薇十字的な修行は、人間が高次の世界で自由に動けるようにするのです。高次の世界に上昇した人は、物質界には存在しない知覚方法を知り、その知覚を自分の思考で支配することができます。

（注1）『真理と学問』　シュタイナーの一八九二年の著書。前年の博士論文「認識論の基本問題――特にフィヒテの知識学について」に加筆したもの。

（注2）ブッディ界　物質界・心魂界・精神界より高次の世界。ブッディ界の上に涅槃界がある。『シュタイナー用語辞典』参照。

イマジネーション認識

弟子が薔薇十字的な認識の途上で学ぶ第二のものはイマジネーションです。「無常なものは、すべて比喩にすぎない[注1]」というゲーテの言葉の意味で、高次の世界を表わすイメージ表象のなかに入っていくことを、次第に学びます。

通常、人間は物質界を歩み、自分の感覚に示されるとおりに事物を受け取っています。事物の背後にあるものを受け取ってはいません。鉛のおもりを付けたように、物質界に引き付けられています。自分の周囲にある事物が象徴であることを学んだとき、人間は初めて物質界から自由になります。ですから、人間は事物と精神的関係を持つよう、努力する必要があります。外的な現象を霊的なものの象徴として考察するために、導師は弟子を指導します。しかし、弟子は自分自身で多くのことを行なえます。

たとえば、イヌサフランとスミレを考察することができます。イヌサフランのなかにメランコリックな心情の象徴を見るとき、イヌサフランが外的にそう見えるというだけではなく、イヌサフランをある特性の象徴として把握しているわけです。スミレのなかには、静かで敬虔な心情の象徴を見ることができます。このように、植物・動物のそれぞれを霊的なものの象徴として考察することができます。このことをとおして、みなさんの表象能力は流動的なものになり、感覚的知覚の鋭い輪郭から解放されます。それぞれの動物の属のなかに、ある特性の象徴を見るようになります。ある動物は強さの象徴、別の動物は抜目なさの象徴に見えます。皮相的にではなく、まじめにこのようなことを、いたるところに見出そうと試みるのです。

つまるところ、人間の言語は象徴で語られるものです。言語というのは、象徴で語るものにほかなりません。どの言葉も象徴です。事物を客観的に叙述していると信じ込んでいる学問も、言語を使用しなければなりません。その言語は象徴的な働きをします。「肺葉」について語るとき、それが葉ではないことを知っているのですが、そのように呼ぶわけです。物質界にとどまろうとする人が、あまりに深く象徴のなかに迷い込まないようにするのはよいことです。しかし、進歩した修行者はそのように迷い込むことはありません。調べてみると、どれほどの深さが人間の言語のなかにあるかが感じられます。

パラケルスス(注2)やヤーコプ・ベーメ(注3)のような人物は、農夫や浮浪者とも話し合って、言語のイマジネーション的な意味を研究したことによって、精神的に発展したのです。それらの人々のあいだでは、自然・霊・魂という言葉が、いまとはまったく異なったふうに作用していました。もっと強く作用していたのです。農婦は野外でガチョウから羽を抜いたとき、その内側を「羽の魂」と呼びました。このような言語の象徴を、修行者は見出さねばなりません。

そうすることによって、修行者は物質界から解放され、イマジネーションへと高まることを学びます。長期にわたって修練すると、その作用に気づくようになります。花を見るとき、次第に花から解放されていきます。最初は花に付いていた色が、小さな炎のように立ちのぼり、自由に空間を漂います。このようにして、イマジネーション認識が形成されていきます。あらゆる事物の表面が解き放たれるかのようになります。空間全体が、炎のように漂う色彩に満ちます。このような方法で、光の世界全体が物質界から抜け出ます。

そのような色のイメージが物体から抜け出て、自由に空間を漂うと、まもなく何かに付着しはじめます。どこかに立ち止まらず、何かに押し寄せます。ある存在を色彩イメージが囲みます。霊的存在が色彩のなかに出現します。修行者が物質界の事物から取り出した色彩を、アストラル界の霊的存在たちがまとうのです。

（注1）無常なものは、すべて比喩にすぎない　ゲーテ『ファウスト』第二部第五幕「峡谷」の場の「神秘の合唱」。

（注2）パラケルスス　Aureolus Theophrastus Paracelsus（一四九三—一五四一年）スイスの医師。

（注3）ヤーコプ・ベーメ　Jakob Böhme（一五七五—一六二四年）ドイツの神秘哲学者。『シュタイナー用語辞典』参照。

アストラル界の特徴

この時点で、導師の忠告が必要です。そうでないと、修行者は足場を失うことがあるからです。二つの原因によって、足場を失いうるのです。

一つは、こうです。どの修行者も、ある一定の経験を通過していかなければなりません。物質的事物から取り出される表象は、注目すべき姿で現われます。単に色彩だけでなく、匂いがあり、音を発します。醜い姿、美しい姿、動物の姿、植物の姿、醜い人間の姿などです。この最初の体験は、自分の心魂の鏡像を示すものです。自分の情熱・衝動、まだ心魂のなかに眠っている悪などが、鏡像のように、アストラル空間で修行者のまえに現われます。ここで、導師の忠告が必要になります。導師は、「それは客観的なものではなく、君自身の内的本性の鏡像なのだ」と、語ります。

それらのイメージがどのように現われるかについて、導師の教示が必要なことを、みなさんは理解なさるでしょう。アストラル空間では、すべてが反対の姿で、鏡像の形で現われます。自分の本性を反映する幻影に、修行者は惑わされます。情欲の鏡像が動物のような姿で現われることは、むしろ稀です。もっと他のものが出現するのを覚悟しておかねばなりません。人間のなかに、隠れた悪しき情熱があるとしてみましょう。そのような衝動・熱望の鏡像として、しばしば誘惑的な姿が現われます。往々にして、善良な特性は、まったく心をそそられないものに見えます。このことを示す、すばらしい伝説があります。ヘラクレス神話(注1)のなかに、つぎのような場面があります。ヘラクレスが道を歩いていると、邪悪な特性と善良な特性が現われてきました。悪徳は魅惑的な美しい姿をしており、美徳は地味な衣装をまとっていました。

ここで、さらに別のものが加わります。修行者がすでに事物を客観的に見ることができるようになっていても、自分の自由な意志が現象を導く可能性がいつもあるわけではありません。

このことを理解しなければなりません。

願望はアストラル界に強く影響します。物質界においてものごとを統制していた力は、イマジネーション界に入ると存在しません。物質界で空想するなら、実際には行なっていないことを行なったように思うわけです。物質界で事実に面すると、そのような行動はしなかったことを納得します。

アストラル空間では、そうではないのです。自分の願望がイメージを作り出します。それらのイメージの本当の意味を認識するために、これらのイマジネーション像がどのように構成されるのか、導師の指導が必要なのです。

(注1) ヘラクレス　ギリシア神話の英雄。各地を遍歴して、怪物を退治した。

精神世界の解読

薔薇十字的な修行の三段階目は、神秘文字の学習です。神秘文字とは何でしょうか。簡単な線で描かれた象徴図があります。色が付いている場合もあります。そのような象徴は、神秘的なしるしの言語です。

つぎのような例をあげてみましょう。高次の世界には、物質界にも作用をおよぼす経過が存在します。渦巻きです。たとえばオリオン座星雲を見ると、渦巻きが観察できます。渦巻きは

a図

b図

c図

物質界にあるものです。しかし、渦巻きをあらゆる次元の世界において考察することができるのです。ある渦巻きが別の渦巻きに交ざっていくのが表わされています。a図はアストラル界において、あらゆる形成に際して現われる図柄です。

この図柄を理解すると、一つの人種がいかに別の人種に変化していくかが理解できます。現人種の第一亜人種(注1)の発生に際して、太陽は蟹座にありました。当時、ある人種が別の人種に絡まったのです。ですから、蟹座は神秘文字（b図）で表わされるのです。そのように、黄道十二宮のしるしは、すべて神秘文字です。その意味を知り、理解しなければなりません。

五芒星形（c図）も、神秘文字です。このしるしに、特別の感覚と感情を結び付けることを、修行者は学びます。これらの神秘文字は、アストラル的なプロセスに対応する像なのです。神秘文字として学ばれる記号言語は、高次の世界の法則を模写したものにほかなりません。五芒星形はさまざまなものを表現します。Bという文字がさまざまな単語に用いられるように、神秘文字もさまざまな意味を持つのです。五芒星形・六芒星形・角などの図形は、一つの神秘文字へと構成されます。その神秘文字も高次の世界の道しるべです。

五芒星形は五つの構成要素からなる人間のしるしです。さらには、静寂のしるしです。また、バラの属の心魂のしるしでもあります。バラの花びらをイメージすると、五芒星形が現われます。Bが**Band**（バンド）と**Beben**（震動）では違ったものを意味するように、神秘文字の記号もさまざまなものを意味します。正しい方法で、それらを配列することを学ぶ必要があります。それが、アストラル界の道しるべになるのです。

物質界に文盲の人がいるように、イメージをそのまま見るだけの人は、神秘文字を学んだ人とはちがって、精神的に文盲だと言うことができます。物質界において文字は恣意的なものですが、本源的にはアストラル的な記号言語の模像なのです。蛇が絡みついたヘルメスの杖（注2）という、古いアストラル的な象徴を取り上げてみましょう。これは、アルファベットではEになりました。（d図）

d図

あるいは、水（Wasser）の波（Welle）の動きを表わすWを取り上げてみましょう。これは言葉のしるしであると同時に、人間の心魂のしるしです。

Mは上唇を模像したものにほかなりません。（e図）

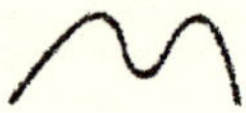

e図

進化の歩みのなかで、すべては恣意的なものになりました。それに対して、秘められた世界では必然性が支配しています。そこでは、これらのしるしを生きることができます。

（注1）第一亜人種　インド文化期の人々のこと。『シュタイナー用語辞典』参照。

（注2）ヘルメスの杖　ギリシア神話の神ヘルメスが持つケリュケイオン（カドゥケウス）。

生活のリズム

第四段階は、生活のリズムの形成です。世俗的な生活においては、そのようなリズムはわずかしかありません。人間は利己主義的に、リズムから離れて生きています。せいぜい子どもにとって、学校の時間割がまだリズムを持っているくらいです。学校では毎週、日々の時間割が繰り返されます。しかし日常生活で、だれがそのような時間割を設けているでしょうか。

生活のなかにリズム・繰り返しをもたらすだけで、高次の進化に到ります。自然全体にリズムが見られます。太陽のまわりを運行する惑星、毎年発芽し、枯れる植物、動物の性生活にいたるまで、すべてがリズミカルな秩序に従っています。人間だけが、自由に行動でき、リズムなしに生きることを許されているのです。しかし混沌のなかに、人間はふたたびリズムをもたらさねばなりません。毎日、一定の時間に神秘修行を行なうことによって、よいリズムが生まれます。太陽が春、同じ時間に力を地球に送るように、修行者は瞑想と集中の訓練を同じ時間に実行しなければなりません。そのように、生活にリズムをもたらすのです。

導師の指示にしたがって、呼吸プロセスをリズミカルなものにするのは、また別のことがらです。一日のうちの短時間、息を吸い、息を止め、息を吐く過程に、導師が経験をとおして体得したリズムをもたらさねばなりません。新しいリズムが古いリズムに取って変わります。生活にリズムをもたらすことは、高次の世界へ上昇するための前提条件です。しかし、導師の指導なしに行なうことはできません。ここでは、根本的に何が重要なのかを話しています。

大宇宙と小宇宙

第五は、小宇宙と大宇宙の照応を学ぶことです。導師は弟子に、身体の一定の部分に集中するように指導します。全宇宙が身体の生成に関与しました。目は光から作られました。光のなかで作用する星から作られたのです。身体のそれぞれの部分は、宇宙の一定の力と関係しています。

眉間を考察してみましょう。エーテル体の頭が物質的身体をはるかに越えて聳《そび》えていた時代がありました。アトランティス人[注1]の場合も、エーテル体の頭は額のところで物質的身体を越え出ていました。今日では、馬やその他の動物は、まだそのようなありかたをしています。馬の場合、今日でもエーテル体の頭が物質的身体をはるかに越え出ています。

今日の人間においては、額の部分でエーテル体の頭と物質的身体の頭が重なり合っています。そのことによって、自分のことを「私」と言うことを可能にする脳の部分を発展させる能力を、人間は得ました。人間が自分のことを「私」と言うことを可能にする器官は、アトランティス時代における地球進化と一定の関係を有しているのです。

導師は修行者に、つぎのように指導します。「君の思考を、この点に集中せよ」。そして、導師は修行者にマントラを授けます。その修行をとおして、頭のこの部分に、大宇宙のある経過に相応する力が目覚めます。そのような方法で、小宇宙と大宇宙の照応が明らかになります。

目に集中することによって、太陽を認識できます。このように、大宇宙全体を、自分の器官のなかに見出すのです。

長期にわたってこの修練を積むと、そのようにして見出した事物のなかに、修行者は沈潜していくことができます。たとえばアーカーシャ年代記のなかに、エーテル体の眉間と物質的身体の眉間が重なった、アトランティス時代の時点を見出すことができます。あるいは、目に集中することによって、太陽を見出すことができます。

第六の段階である大宇宙への沈潜は、コンテンプレーションと呼ばれます。

宇宙認識を、修行者は獲得します。修行者は自己認識を、現世の自分を越えて拡張させます。自分のなかを洞察したときに自己が見出されるのではなく、外を見たときに自己が見出されるのです。それは目を創造した自己、太陽が生起させた自己です。目に相当する自己の部分を見出そうとするなら、太陽のなかを探求しなければなりません。

自分の外にあるものを、自分の自己として知覚することを学ばねばなりません。自分のなかのみを見ていると、自分のなかに硬化することになり、高度の利己主義に導かれます。「私の自己に語らせればよいのだ」と言う人は、そういう態度に潜む危険を予感していません。自己認識は、自己放棄と結び付いたときにのみ修行できるのです。どのような事物に対しても、「それは私だ」と言うことを学んだとき、ゲーテがファウストに、つぎのように語らせている自己認識へと成熟します。

おまえは、生き物の列を
私のまえに導いた。そして、私の兄弟たちを
静かな潅木、大気と水のなかに知ることを教えてくれた。(注2)

(注1) アトランティス人　太古のポラール時代・ヒュペルボレアス時代・レムリア時代に次ぐアトランティス時代に生きた人々。その後に、アーリア時代(インド文化期・ペルシア文化期・エジプト文化期・ギリシア文化期・ゲルマン文化期)が続く。『シュタイナー用語辞典』参照。

(注2) おまえは、生き物の列を……　『ファウスト』第一部「森と洞窟」の場におけるファウストの独白。

大宇宙から至福へ

外界のいたるところに、私たちの自己の一部分があります。そのことは、ディオニュソス神(注1)話のなかにも描き出されています。薔薇十字的な修行は、外界を客観的に、静かに考察するこ

とに大きな価値を置いています。「君自身を認識したいなら、外の世界と外の存在に、君を映して見るがよい。君の心魂のなかにあるものは、君が自分の心魂のなかに沈潜するときよりも、同胞の目をとおして語られるほうが、ずっと明白になる」。

正しい道を歩もうとする人は、この重要で本質的な真理を無視してはなりません。現代では、通常の利己主義を、手の込んだ利己主義に変化させている人がたくさんいます。そのような人は、自分の日常の自己を可能なかぎり高めることを、神智学的な進化と呼んでいます。これまで隠れていた個人の特性を取り出したい、と思うのです。本当の神秘的認識においては、それとは反対に、高次の自己を世界のなかに認識することを学んだときに内面が開かれます。

コンテンプレーションのなかで、このような態度を形成します。そうして、自己があらゆる事物の上に流出し、生長する花を自分の指のように感じ、全地球・全宇宙が自分の身体であることを知ると、自分の高次の自己を認識できます。花に向かって、自分の身体の一部に語るように語りかけます。「おまえは私に属する。おまえは私の自己の一部だ」。

次第に、薔薇十字的修行の第七段階である「至福」を感じます。高次の世界について考えるだけでなく、高次の世界において感じることを学ぶ必要があります。そのとき、至福は人間を高次の世界に上昇させるのに必要な感情要素です。導師の指示の下に学ぶように努力したとき、成果が現われます。

神秘的な道が深淵に導くのではないか、と恐れる必要はありません。正しい方法で修行すれば、精神的進歩の途上における危険は生じません。この段階に到達すると、神秘的な道の探求者は、本当に人類の助力者になります。

（注1）ディオニュソス　ギリシア神話の神。八つ裂きにされたのち、再生する。『シュタイナー用語辞典』参照。

概観

イマジネーション認識は、人間が夜の一部を意識的な状態で過ごす可能性を与えます。身体はいつものように眠っていますが、眠りの一部が意味と内容のある夢によって活気づけられます。それが、高次の世界に参入したことの最初のしるしです。修行者は次第に、自分の体験を通常の意識のなかにもたらします。そして、周囲全体、部屋のなか、森のなか、田畑のなかにアストラル的な存在たちを見ます。

イマジネーション認識のあいだに、人間は三つの段階に到達します。最初の段階で、物質的な感覚印象の背後に立つ存在たちを認識します。赤色・青色の背後に存在が立っています。一つ一つのバラの背後に精霊がいます。それぞれの動物の背後に属の心魂、群の心魂が存在しています。それらが明瞭に見えるようになります。さらにしばらくのあいだ、静かにイマジネーションを修練し、神秘文字に沈潜していると、明瞭に聞くことができるようになります。第三に、人間を引きずりおろし、悪へと誘惑するアストラル界の存在を知ります。それらの存在は、本来は人間を上昇させるように定められているのです。こうして、修行者は欲界を知ります。

薔薇十字的な修行の第四・第五・第六段階、すなわち人生のリズム、小宇宙と大宇宙の関係、大宇宙の観想をとおして、さらなる三段階に到達します。

最初の段階で、死と再受肉のあいだの人生のありさまを認識します。その認識は、神界で現われます。つぎに、形態の変化・変容を見ることができるようになります。たとえば、人間はいつも今日のような肺を有していたのではありません。人間は今日のような肺を、レムリア時代[注1]になってから得たのです。そのまえのヒュペルボレアス時代[注2]には、人間は別の形態をしていました。そのまえは、さらに異なった姿をしていました。ヒュペルボレアス時代には人間はアストラル状態にあり、そのまえには神界にいたからです。また、「この段階で、さまざまな球期[注3]（形態状態）の関係、つまり、ある球期がどのように別の球期に移行するかを知る」と言われます。第三に、生命状態の変容を見ます。さまざまな存在がさまざまな界[注4]（周期）を通過していき、どのように一つの界が別の界に移行するかを認識するのです。

それから、さらに高次の段階に上昇していかねばなりません。

ここで話したことは、みなさんが当面のあいだ取り組むのに十分な材料を提供することでしょう。これらを修行して、本当に自分のものにしなければなりません。それが、高みに到る第一歩です。修行の道を秩序立った方法で叙述するのはよいことです。物質界を地図なしに歩くことはできます。しかし、アストラル界では地図が必要です。きょうの話をそのような地図と見なすと、いまの生活においてだけでなく、高次の世界への扉を開くときに、みなさんの役に立つはずです。これらのことを精神科学を通して受け取る人は、死後、この地図を役立てることができます。ほかの側から高次の世界に到り、自分がどこにいるのか、そこで経験するものは何なのかがまったく分からないと、悲惨な状態におちいります。精神科学を研究した者は、事物の特徴をよく知っています。認識の道を歩むことにひるまなければ、修行者は超感覚的世界で利益を得ることでしょう。

（注1）レムリア時代　ポラール時代・ヒュペルボレアス時代に次ぐ、第三根源人種期。『シュタイナー用語辞典』参照。

（注2）ヒュペルボレアス時代　ポラール時期に次ぐ、第二根源人種期。『シュタイナー用語辞典』参照。

（注3）（注4）球期（形態状態）・界（周期）　シュタイナーの宇宙史観では、太陽系宇宙の七つの意識状態＝惑星期のそれぞれが、七つの生命状態＝周期（界）に分かれ、生命状態のそれぞれが七つの球期（形態状態）に分かれる。『シュタイナー用語辞典』参照。

編訳者あとがき

心に喜びと苦しみを感じながら、私たちは日々を送っています。そんななかで、多くの人々が心の抑圧・緊張・疲労を感じています。心をどうすれば、人々はのびのびと生きていけるようになるのでしょう。

人智学《アントロポゾフィー》という精神科学を創始したルドルフ・シュタイナーは、心の特質を分析し、心の世界の構造を明らかにしようとしました。彼は心の世界を、実在の異次元世界ととらえていました。冒頭の「はしがき」に記したように、心に三つの部分があり、心の世界は七層をなしている、と彼は見ました。いまの自分の心の働きが、それらのどこに位置しているかを知ると、客観的な見通しを得ることができます。心に悩みを抱えている場合、そのような見通しと運命の知見を得ることができれば、いまの状態から抜け出せます。

このように、認識による現状の克服が第一です。その上に立って、造形美術や音楽をとおして、静かに心をほぐし、穏やかに心を解放することができます。

本書には、心を扱ったシュタイナーの講義と公開講演（いずれもベルリンで行なわれたもの）

を選んで収めました。

「心の起源」は、一九〇三年一〇月三日の公開講演です。シュタイナー全集五二巻『精神的心理学と世界考察』に収められています。

「苦痛と喜び」「泣く・笑う」「忘れる」「心の世界の特徴」は、一九〇八年一〇月から一九〇九年六月にかけて行なわれた講義『精神科学的人間学』(全集一〇七巻)から訳出したものです。

「心の世界の段階」は、一九〇四年一一月一〇日の公開講演で、全集五三巻『人間の起源と目的——精神科学の基本概念』に収録されているものです。

「心のいとなみの隠れた深み」は、一九一一年一一月二三日の公開講演で、『精神探究の光に照らした人間の歴史』(全集六一巻)に収められています。

「心と精神」は、一九〇四年三月三〇日の公開講演で、前出の『精神的心理学と世界考察』に収録されています。

「心の開発」は、一九〇六年一〇月二〇日の講義で、全集九六巻『精神科学の根本衝動』に収められています。ここに記された心の開発法に取り組むにあたっては、『人間の四つの気質』(風濤社)のなかの「心魂の調和を築く五つの方法」を平行して修められることを、お勧めします。

このほかにも、風濤社から刊行されているシュタイナーの本のどれもが、さまざまな側面から心というテーマに触れていますので、それらも参照くださると、ありがたく思います。

心の安らぎが、精神《たましい》の力を発揮させます。本書が心の理解に寄与でき、理解が安心をもたらすよう、願っています。自分の心が開放的で、ゆったりとしていることによって、自分の発する思いがまわりによい影響を与えます。

最後になりましたが、シュタイナー作品を次々と世に送り出してくださっている、風濤社相談役の柏原成光氏に感謝いたします。

西川隆範

二〇〇四年孟秋

ルドルフ・シュタイナー（Rudolf Steiner）
1861 − 1925年。ウィーン工科大学に学び、21歳でドイツ国民文学双書の『ゲーテ自然科学論文集』の編集を担当。1891年、フィヒテの知識学を扱った論文で哲学博士号を取得したのち、ベルリンで文芸・演劇評論誌を編集。20世紀に入ると同時に、ロシアの神秘思想家H・ブラヴァツキーの創始した神智学運動に加わり、1912年、アントロポゾフィー（人智学）協会を設立。独自の精神科学に基づいて、教育、医学、農業、建築、社会論などの分野に業績を残した。主著に『自由の哲学』（邦訳、人智学出版社、イザラ書房）『神智学』（イザラ書房）『神秘学概論』（イザラ書房、人智学出版社、筑摩書房）、講義録に『神智学の門前にて』（イザラ書房）など多数ある。

西川隆範（にしかわ・りゅうはん）
1953年、京都市生まれ。1976年、高野山で伝法阿闍梨位灌頂。その後、スイスとドイツでシュタイナー精神科学を研究。シュタイナー幼稚園教員養成所（スイス）およびシュタイナー・カレッジ（アメリカ）客員講師を経て、日本アントロポゾフィー（人智学）協会理事。主な著書に『生き方としての仏教入門』『見えないものを感じる力』『こころの育て方』（いずれも河出書房新社）『死後の宇宙生へ』（廣済堂出版）『薔薇十字仏教』（国書刊行会）『シュタイナーの宇宙進化論』（イザラ書房）『シュタイナー用語辞典』（風濤社）、訳書にシュタイナー『人間理解からの教育』『経済学講義』（ともに筑摩書房）『芸術と美学』（平河出版社）『黙示録の秘密』（水声社）『人間の四つの気質』『精神科学から見た死後の生』『天使たち妖精たち』『星と人間』『色と形と音の瞑想』『あたまを育てる　からだを育てる』『人体と宇宙のリズム』『人智学から見た家庭の医学』『自然と人間の生活』（ともに風濤社）ほか多数。

こころの不思議

二〇〇四年八月三十一日　初版第一刷発行

著　者　ルドルフ・シュタイナー

訳　者　西川隆範

発行所　風濤社
東京都文京区本郷二―三―三
TEL　〇三（三八一三）三四二一
FAX　〇三（三八一三）三四二二

印刷所　吉原印刷

製本所　積信堂